기획은 패턴이다

기획은 패턴이다

가지와라 후미오 · 이바 다카시 지음 | 김영주 · 모모세 히로유키 옮김 | 이원제 감수

북스톤

더 나은 기획을 위한 프로젝트 디자인 패턴 32

어떻게 하면 좋은 기획을 고안하고 실현할 수 있을까? 이 질문에 대한 대답으로 이 책에서는 '프로젝트 디자인 패턴' 32가지를 소개합니다. 기술혁신과 새로운 형식을 통해 꾸준히 매력적인 공간을 만들어내는 UDS의 '기획의 요령'을 창업자인 가지와라 후미오 회장이 직접 정리해서 언어화한 것입니다. UDS의 경험에서 얻어진 기획 요령을 망라해 정리한 것으로, 본질을 규명해 추상화했기 때문에 다양한 분야의 기획에 두루 적용할 수 있습니다.

1 기획 철학   2 진짜 소비자 되기   3 직접 수집하기   4 현장 체감

5 우연 활용하기   6 나만의 색인   7 가(假)기획   8 예상과의 차이

9 실패사례 연구   10 정보의 균형   11 숨겨져 있던 욕구   12 묻혀 있던 잠재력

13 아이디어 연결하기   14 철저한 리스트업   15 평가를 위한 점수화   16 상담의 순서

32개의 패턴은 다섯 범주로 나뉩니다.

▶CORE : 기획자로서 가져야 할 철학 (No.1)

▶LEARN : 기획의 바탕이 되는 '정보 입수' 요령 (No.2~10)

▶CREATE : 기획에 실제로 필요한 요령 (No.11~25)

▶LIVE : 꾸준히 좋은 기획을 낳는 기획자의 태도 (No.26~31)

▶PLEASURE : 또 하나의 기획이라는 시각 (No.32)

CORE와 PLEASURE에는 기획 전반의 사고방식에 관한 패턴이 수록되어 있고, LEARN · CREATE · LIVE에는 관련 있는 패턴을 3개씩 엮었습니다. 순서대로 읽는 것을 추천하지만, 자신에게 필요한 부분부터 읽어도 무방합니다.

17 참여할 여지　　18 실현가능성 점검　　19 이유 파고들기　　20 기본가치

21 방법 검토하기　　22 일탈효과　　23 한마디로 표현하기　　24 타인의 관점에서 검토하기

25 미래 반영　　26 관심사 늘리기　　27 나의 장점들　　28 닮고 싶은 세 사람

29 감성 궁합　　30 대등한 협업　　31 전문가로서의 주장　　32 즐거운 기억

가치 있는 경험을 선사하는 공간은 어떤 곳일까?

이 책을 읽는 분들이라면, 아니 직장인이나 창업자라면 한 번쯤 해봤을 질문일 겁니다. 그만큼 최근 개인과 기업 할 것 없이 '공간'에 대한 관심이 높아지고 있습니다. 라이프스타일이 다양해지면서 단일 기능이 아닌 복합 기능의 공간들이 나타나기 시작했고, 노후화된 유휴공간에 새로운 기능이 부여되고 있습니다. 업무공간과 주거공간의 혁신도 빼놓을 수 없습니다. 가령 호텔도 기존의 권위를 내려놓고 커뮤니티와 소셜라이징을 강화하는 등, 온라인 시대에 오히려 오프라인 공간의 변화가 두드러지고 있습니다.

그렇다면 위의 질문으로 돌아가서 생각해봅시다. 우리가 체험했던 공간들 가운데 '기억에 남는 공간'의 매력은 어디에서 기인한 것일까요? 단순히 인테리어가 마음에 들어서였을까요? 물론 그럴 수도 있지만 인테리어(하드웨어)의 매력만으로는 오래가지 못합니다. 공간을 채우는 콘텐츠(소프트웨어), 오프라인에서만 가능한 대면접점과 운영주체가 되는 휴먼웨어, 공간의 주변 맥락, 그리고 공간을 방문하는 방문객들과 그들의 라이프스타일까지, 이 모든 것이 하나로 어우러져야 고객에게 의미 있는 경험을 선사할 수 있습니다.

즉 의미 있는 경험은 좋은 기획과 맞닿아 있습니다. 좋은 기획은 고객이 제품이나 서비스를 어떻게 쓸 것인지, 어떠한 경험을 선사할 것인지를 염두에 두어야 합니다.

이 책의 저자 중 한 명인 가지와라는 세계적인 건축사무소 UDS의 대표로, 공간을 설계하는 동안 늘 좋은 기획이 무엇인지를 고민해왔다고 합니다. 기획하는 힘은 공간을 만들어내는 창조적 상상력과 직결되어 있기 때문입니다. 그간의 프로젝트와 연구를 바탕으로 막연하기만 한 기획을 누구나 좀 더 쉽게 접근할 수 있도록 정리한 것이 바로 이 책《기획은 패턴이다》입니다.

제가 공간기획에 관심을 갖게 된 데에는 그가 설계한 공간을 체험한 것이 큰 계기가 되었습니다. 2006년 도쿄를 찾았을 때 UDS가 설계한 클라스카CLASKA 호텔에 묵었습니다. 이유는 단 하나, 일본다움을 현대적으로 재해석한 공간이 궁금해서였습니다. 각기 다른 컨셉으로 디자인된 다양한 룸을 체험해보려고 매일 다른 룸을 예약해 최대한 클라스카를 느껴보고자 했습니다.

클라스카는 역에서 15분 이상 걸어야 하기에 접근성이라는 측면에서 그리 뛰어난 호텔은 아닙니다. 소위 말하는 대중적인 호텔과는 거리가 있습니다. 하지만 지하철역이 멀다 보니 호텔에 머무는 시간이 늘어나고, 역으로 걸어가는 동안 인근의 로컬숍들을 자연스럽게 즐길 수 있었습니다. 1층에 위치한 로비와 레스토랑에 호텔 투숙객이 아닌 지역 주민들이 드나드는 모습은 2006년 당시에는 신선한 충격이었습니다. 호텔이 지역 커뮤니티에 긍정적인 영향을 미치는 현장을 직접 목격한 것이죠. 지금 생각해보면 저자가 책에서 강조하는 〈기획 철학〉의 3가지 요소, 즉 '디자인'과 '사업성', '사회성'을 클라스카에 투숙하는 동안 자연스럽게 경험한 셈입니다.

그 후 UDS라는 회사가 궁금해졌고, 노드 우에하라, 요요기 빌리지, 카스케이드 하라주쿠, 분카 호스텔 도쿄 등 UDS가 기획한 다양한 공간을 매년 찾아다녔습니다. 이들 공간을 직접 체험하며 인사이트를 수집하는 한편 UDS 관련 자료를 모아 연구를 병행했습니다. 그러던 중 UDS의 공간기획을 좀 더 체계적으로 배우고 싶은 마음에 이 책을 읽었고, 저와 니즈가 같은 독자분들을 위해 한글판 기획과 감수를 맡아 UDS의 기획방법론을 소개하게 되었습니다.

UDS는 기존의 건축설계사나 공간디자인 회사와는 업무의 범위부터 다릅니다. 기존 회사들이 설계 및 디자인에 초점을 맞추었다면 이들은 기획-디자인-운영 전반으로 영역을 확장함으로써 그 공간이 지속가능하게 성장할 수 있도록 고민합니다. 이런 노하우를 인정받아 까다로운 무인양품도 무지호텔 베이징, 무지호텔 긴자점을 UDS에 의뢰하게 됩니다.

이 책의 가장 큰 장점은 공간을 사례로 다루고 있지만 어떤 프로젝트에도 적용 가능한 '기획하는 법'을 제안한다는 데 있습니다. 책에서 소개하는 기획의 32가지 패턴은 정답이 아닌 사고방식의 제안이기에, 자신의 상황에 맞춰 유연하게 적용할 수 있습니다. 자기만의 〈기획 철학〉을 세운 후 이 패턴을 토대로 기획하는 힘을 키워간다면, 당신도 모르는 사이에 '좋은 기획'에 한발 더 가까워져 있을 것입니다.

이원제

힘들수록 더 필요한 것은 '기획하는 힘'입니다

'기획', 듣기만 해도 머릿속 어딘가에 있는 콘센트에 전원이 연결되는 느낌을 받지 않나요? 설레고 신이 나든, 부담스럽고 겁이 나든, 어느 쪽으로든 '기획'은 정신이 들게 하는 단어입니다.

사람들이 좋아할 만한 기획, 독창적인 기획을 하려면 어떻게 해야 할까요?

지금까지 없던 획기적인 기획을 하기란 대단히 어려운 일입니다. 중고등학교는 물론 대학에서도 '기획하는 법'을 본격적으로 배운 기억이 없을 겁니다. 그런데 막상 회사에 들어가면 기획해야 할 때가 너무 많습니다. 하지만 상사도 선배도 기획에 대해 체계적으로 가르쳐주지는 않습니다. 아, '될 때까지 하면 돼! 밤을 새워서라도 해보라고!' 하며 형이상학적인 비결(?)을 알려준 적은 있었을지도 모르겠군요. 정신력도 물론 중요합니다. 그러나 숱한 밤을 새워가며 무턱대고 아이디어를 쥐어짠다고 해서 획기적인 기획이 저절로 되는 건 아닙니다.

급기야 기획에 대한 아우라가 생기기 시작합니다. 일반적으로 '기획'이라는 말을 들으면 어떤 이미지가 떠오릅니까? 새로운 물건이나 일을 만들어내는 창조적 이미지? 몇몇 천재들에게만 입장이 허락된 놀이터? 감성과 번득이는 아이디어가 성패를 좌우한다는 느낌? 결국 '특별한 재능이 결과를 결정하니 나는 안 되겠구나…' 하는 암울한 결론으로 빠져버리는 사람이 적지 않을 겁니다.

그러나 정말 그럴까요? 저는 '기획하는 힘'이야말로 앞으로 다가올 험난한 시대에 살아남기 위해 누구나 갖춰야 할 필수능력이라 믿습니다. 인구가 줄고, 소비가 침체되고, 지금까지 존재하던 대다수의 직업이 사라져가는 가운데, 더 많은 사람이 새로운 가치를 창출하는 능력을 필요로 할 것이기 때문입니다. '새로운 가치를 창출하는 능력', 이것이 곧 '기획' 아닌가요?

이 책을 선택해주신 여러분은 '기획'을 자신과 무관한 것으로 떼어놓고 생각하거나, 모처럼의 기회를 눈뜨고 놓치지 않았으면 좋겠습니다. 현재 어떤 직업에 종사하든 지금부터 자신의 일에 '기획'을 적극적으로 받아들여서 새로운 가치를 창출하고 험난한 시대에 살아남았으면 좋겠습니다.

저는 건축설계, 공간디자인 분야에서 기획 업무를 하고 있습니다. 공간디자인의 주된 업무는 실내장식과 가구 등의 디자인을 구상하는 것입니다. 예를 들어 '카페를 디자인해주세요'라는 의뢰를 받으면 바닥과 벽마감 등의 실내장식, 손님 좌석과 주방의 레이아웃을 구상하고 테이블과 소파 등의 가구형태 및 소재, 조명 종류를 선택합니다.

그런데 제 업무방식은 이것과는 약간 다릅니다. '공간디자인'이라는 하드웨어 디자인에 그치지 않고 대상 분석부터 컨셉 짜기, 새로운 사업유형과 마케팅 체계 만들기, 운영계획과 수익창출 계획 구상 등에 이르기까지, 해당 건물과 공간을 둘러싼 모든 요소를 프로젝트로 파악해 하드웨어와 소프트웨어를 모두 디자인합니다. 이러한 작업을 저는 '프로젝트 디자인'이라 부릅니다.

하드웨어 디자인과 프로젝트 디자인의 차이, 이것은 사고 범위의 차이에서 나온다고 생각합니다. 구체적으로 말하자면 '실내장식이나 가구디자인의 앞 단계부터 생각한다'는 점입니다. 예를 들어 '카페를 디자인해주세요'라는 의뢰를 받으면 저는 '지금까지와 다른 새로운 카페를 만들 수 없을까?', '그 카페를 어떻게 운영해야 할까?' 등을 먼저 생각합니다. 그 후 '카페의 본질은 무엇일까?', '카페와 ○○를 조합하면 어떻게 될까?', '어떤 사람들이 카페를 찾을까?', '나라면 어떤 커피를 마시고 싶을까? 가격은 어느 선까지 용인될까?', '점원이 어떻게 응대해야 가게 분위기와 맞을까?', '카페에서 팔기 좋은 메뉴는 무엇일까?' 등 다양한 질문이 떠오르기 시작합니다. 이런 질문을 통해 카페가 안고 있는 과제를 알게 되고, 문제해결을 위한 아이디어가 생겨납니다.

이러한 일련의 사고과정이 '기획'입니다. 과제를 발견하고 해결책을 제안하는 일은 하나의 가치를 창출합니다.

저는 '기획'이라는 분야에 오랜 시간 종사해왔습니다. 지금까지는 한 분야의 전문가로서 개별 프로젝트를 기획하는 데 주력했지만, 최근에는 프로젝트 디자인의 근간이 되는 기획의 요령을 보다 많은 사람들과 사회에 알릴 필요가 있다는 문제의식을 갖게 되었습니다. 네, 막연하게만 느껴지는 기획에도 익혀두면 편리한 '요령'이 있습니다. 이 요령을 정리할 방법을 찾다가 '패턴 랭귀지Pattern Language'에 주목하게 되었습니다. 패턴 랭귀지는 이 책의 공동저자이기도 한 게이오기주쿠 대학慶應義塾大学 SFC의 이바 다카시 준교수의 연구주제로, 이 책에서는 '좋은 디자인 또는 좋은 성과의 비결을 공유하기 위한 방법'으로 이해하시면 될 듯합니다.

기획의 요령을 굳이 패턴 랭귀지로 정리한 데에는 이유가 있습니다. 지금까지의 제 경험을 시간순으로 정리해 전달하기만 한다면 또 다른 실천에 활용하기 어려울지 모릅니다. 살아 있지 않은, 자기 과시용 죽은 지식의 나열이 될 뿐이죠. 그러나 패턴 랭귀지의 형태로 소개하면 더 많은 분들이 제 요령을 유용한 지혜로 공유할 수 있을 것입니다.

이 책은 세 부분으로 구성되어 있습니다. 1부는 저와 이바 선생의 대담입니다. 이 책의 목적 그리고 패턴 랭귀지의 개요와 유효성에 대해서 이야기합니다. 2부에서는 제 경험을 바탕으로 기획의 요령을 32개 패턴 랭귀지 형태로 소개합니다. 각각의 패턴마다 '이름'과 간략한 설명, 이 패턴을 적용할 수 있는 '상황'과 발생하기 쉬운 '문제', 그리고 이 문제를 '해결'하기 위한 요령을 소개했습니다. 이 요령은 해결방법이 아니라 어디까지나 사고방식임을 기억해주세요. 실제로 문제를 어떻게 해결할지는 여러분의 머릿속에서 나와

야 합니다. 본인의 직업이나 기술, 특기 등을 바탕으로 '나라면 어떻게 실현할까?' 하고 생각하며 읽어주세요. 마지막으로 요령을 실행하면 어떤 긍정적인 '결과'를 기대할 수 있는지 설명했습니다. 참고하면 좋은 패턴이 있는 경우 함께 적어두었습니다.

3부에서는 1, 2부에서 언급한 기획의 요령이 실제로 구현된 사례를 소개하고 있습니다. 3부를 통해 한층 구체적으로 기획의 요령을 이해할 수 있을 것입니다. 책의 각 부분은 서로 연관된 주제이나, 독립적으로 구성돼 있으므로 어디서부터 읽어도 괜찮습니다. 본인의 필요에 따라 이용해보시기 바랍니다.

앞에서도 이야기한 것처럼, 앞으로 점점 더 살기 힘든 세상이 될 것입니다. 그때 필요해지는 것은 가치를 창출할 수 있는 '기획하는 힘'입니다. 저처럼 건축설계나 공간디자인을 공부한 사람은 물론, 지금까지 기획과는 무관한 일에 종사해온 분들도 이번 기회에 '기획하는 힘'에 대해 한번 진지하게 생각해보시면 좋겠습니다. 이 책에 수록된 대부분의 내용은 제 경험을 바탕으로 하지만, 어떤 분야에서도 응용할 수 있는 내용입니다.

나아가 모든 창조적 활동이 그러하듯, 기획 역시 다양한 가능성을 향해 열려 있는 분야입니다. 따라서 이 책에서 소개하는 32개 요령이 기획의 전부일 수는 없습니다. 여기에 소개되지 않은 요령을 가지고 있는 분도, 훗날 자신만의 요령을 발견하는 분도 모두 본인의 요령을 소중히 여기며, 이 책에서 소개한 프로젝트 디자인 패턴과 함께 활용하기 바랍니다.

　모쪼록 많은 분들이 이 책을 계기로 '기획'이 무엇인지 생각해보고 그 요령을 배워서, 최종적으로 자기 나름의 '기획하는 법'을 확립할 수 있기를 바랍니다. 이 책이 그 시작점이 되었으면 좋겠습니다. 이것이 제가 이 책을 쓰게 된 이유이기도 합니다.

　　　　　　　　　　　　　　　　　　　　　가지와라 후미오

Contents

1부 성공을 낳는 패턴을 읽는다

'더 좋은 기획'에 대해 소통하는 방법

대담 경험이 패턴이 되면 지혜가 된다

2부 **창조적 발상을 끌어내는 기획의 패턴 랭귀지 32**

LIVE	꾸준히 좋은 기획을 낳는 기획자의 태도

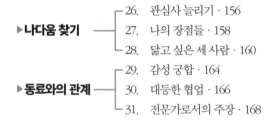
PLEASURE	또 하나의 기획

3부 성공을 낳는 패턴을 적용하다 : 프로젝트 사례 10

부록 **저자와의 인터뷰**

패턴 랭귀지의 목표는 명확합니다. 그것은 어떻게 하면

보다 양질의 성과를 만들어낼 수 있는지를

'상황—문제—해결—결과'의 형식으로 정리하고 이름 붙이는 것입니다.

그럼으로써 더 좋은 기획을 하는 방법에 대해

더 분명하게 생각하고 이야기할 수 있습니다.

기획이 좀 더 쉬워지는 것이죠.

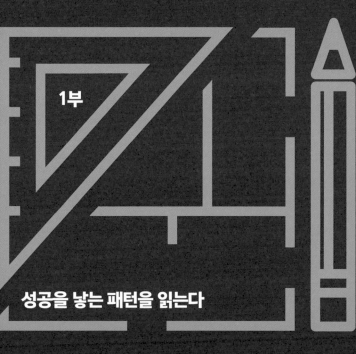

1부

성공을 낳는 패턴을 읽는다

'더 좋은 기획'에 대해 소통하는 방법

개인 안에 머물러 있는 기획 요령을 꺼내다

패턴 랭귀지는 경험칙經驗則을 언어화하여 공유하는 방법입니다. 모든 인간은 일상의 경험을 통해 '이렇게 하는 것이 좋다'는 감각을 체득합니다. 경험칙은 이들 감각의 합, 즉 특정 상황에서 더 좋은 결과를 얻는 방법에 대한 실천적 지식이죠. 동어반복 같지만, 경험칙은 반복되는 경험을 필요로 합니다. 구체적인 상황이나 세세한 부분은 매번 다르겠지만, 본질적인 면에서 비슷한 경험을 많이 할수록 경험칙도 갈고닦여 점차 확고해집니다.

경험칙은 기본적으로 개인의 내부에서 성장하고 개인 차원에서 활용됩니다. 당연하다면 당연한 것이지만, 생각해보면 조금 아깝기도 합니다. 어떤 일을 더 잘 할 수 있는 요령이 개인의 울타리 안에 머물러 있으니까요.

경험칙이 개인 안에 갇혀 있어서 발생하는 문제는 다양합니다. 그중 하나는 이미 누군가가 알아낸 요령이 공유되지 않는 바람에 각자 오랜 시간을 들여 처음부터 다시 알아내야 한다는 점입니다. 그 과정에서 적지 않은, 피할 수도 있었던 실패를 경험합니다. 그뿐 아니라 사람마다 경험칙이 다르면 여러 사람이 함께 일할 때 효과적인 협업이 이루어지기도 어렵습니다.

만약 경험칙을 사람들과 공유할 수 있다면 어떻게 될까요? 어떤 사람의 경험칙이 다른 누군가에게 도움이 되고, 실패 횟수가 줄어들 것입니다. 나아가 서로의 경험칙을 습득해 함께 향상시킴으로써 양질의 공동작업을 실현할 수 있습니다.

패턴 랭귀지라는 방식이 지향하는 바는 바로 이러한 세계입니다.

쉽게 말해 패턴 랭귀지는 경험칙을 작은 단위로 분류해 이름을 붙이는 것입니다. 수십에서 수백 가지에 달하는 경험칙에서 공통적으로 관찰되는 '패턴'을 찾아내 그것을 기술하고 이름 붙여 '언어'를 만듭니다. 그래서 그 방법을 '패턴 랭귀지'라 부릅니다. 이렇게 범주화된 패턴들이 연결돼 전체 프로세스를 이룹니다.

각각의 패턴은 경험칙을 '상황context-문제problem-해결solution-결과consequence'의 형태로 정리합니다. 어떤 '상황'에서 어떤 '문제'가 생기기 쉬운지, 그것은 어떻게 '해결'해야 하는지, 그렇게 하면 어떤 '결과'를 얻는지의 형식으로 경험칙을 기술하는 것이죠. 그런 다음 각각의 패턴에 '이름'을 붙입니다. 이로써 경험칙을 가리키는 새로운 언어, 패턴 랭귀지가 만들어집니다. 언어화함으로써 우리는 경험칙에 쉽게 접근할 수 있고, 다른 사람에게도 쉽게 전달할 수 있습니다. 지금까지 개인의 암묵지暗默知로만 존재했던 경험칙을 명시적으로 취급할 수 있게 되는 겁니다.

　패턴 랭귀지를 활용하면 경험이 없는 낯선 분야에서도 한결 쉽게 경험칙을 배워 더 좋은 결과를 실현할 수 있습니다. 나아가 패턴 랭귀지로 소통하면 여러 명의 공동작업에서도 더 좋은 결과를 기대할 수 있습니다.

성공하는 기획에는 반복되는 패턴이 있다

이 책에서 소개하는 '프로젝트 디자인 패턴'은 제품과 서비스 등을 만들 때의 경험칙을 정리한, '기획'이라는 창조활동의 패턴 랭귀지입니다.

　패턴 랭귀지라는 방법론은 원래 건축 분야에서 시작되었습니다. 크리스토퍼 알렉산더Christopher Alexander라는 건축가가 좋은 거리와 건물에 숨겨진 패턴을 언어화한 것이 시작이죠. 그의 목적은 오래되고 훌륭한 거리와 건물이 가지고 있는 조화로운 아름다움을 새로 만드는 거리와 건물에도 실현하는 것이었습니다. 어떤 언어로도 완벽히 표현할 수 없는 '장점'을 알렉산더는 '이름 붙일 수 없는 성질'이라 했습니다. 그는 이 성질의 구성요소로 건물과 거리의 물질적 요소가 아닌 요소 간의 관련성에 주목했습니다. 반복되는 관련성을 '패턴'으로 파악한 것입니다.

그는 또한 그러한 '장점'을 실현하기 위해서는 그 장소를 잘 알고, 앞으로도 그 장소에서 살아갈 주민들이 디자인 과정에 참여해야 한다고 생각했습니다. 이를 위해 전문가가 의식적, 무의식적으로 알고 있는 디자인 패턴을 추출하여 비전문가들도 이해할 수 있는 언어로 표현했습니다. 이러한 패턴 랭귀지를 소통의 매개로 삼아 건축가와 주민들이 거리와 건물 디자인에 대해 함께 고민하고 이야기를 나눴습니다. 1970년대의 일입니다. 그의 책《패턴 랭귀지 : 도시 건축 시공》에는 좋은 거리와 좋은 건물에 숨어 있는 253개 패턴이 수록돼 있습니다.

그로부터 10여 년 뒤, 건축 분야에서 고안된 패턴 랭귀지 방식은 소프트웨어 디자인 분야에 널리 활용되었습니다. '디자인 패턴'이라는 이름으로 소프트웨어 디자인의 경험칙을 언어화한 것입니다.

그 후 응용분야는 더욱 넓어졌습니다. 좋은 팀과 조직을 구성하는 방법, 가르치는 방법, 조직이나 공동체 안에서 기술혁신을 일으키는 방법 등의 경험칙이 패턴 랭귀지 형식으로 정리되었습니다. 저(이바)도 지금까지 학습과 프레젠테이션을 비롯해 치매 환자와 가족의 삶의 질을 향상시키는 패턴 랭귀지, 방재 매뉴얼 등 개인 및 공공의 영역에서 다양한 패턴 랭귀지를 개발해왔습니다. 이처럼 사물이 아니라 '인간의 행위'를 대상으로 하는 패턴 랭귀지는 '패턴 랭귀지 3.0'에 해당합니다. 건축 디자인의 패턴 랭귀지가 1세대, 소프트웨어 디자인이 2세대라고 하면, 교육을 비롯한 인간행위의 패턴 랭귀지는 디자인의 대상이 외부에 존재하는 것이 아니라 자신의 행동이라는 점에서 3세대로 정의할 수 있습니다.

물론 이는 대략적인 구분일 뿐입니다. 세대에 따라 대상이 변했을 뿐 패턴 랭귀지의 목표는 변하지 않았습니다. 그것은 어떻게 하면 보다 양질의 성과를 만들어낼 수 있는지를 '상황-문제-해결-결과'의 형식으로 정리하고 이름 붙이는 것입니다. 그럼으로써 더 좋은 기획을 하는 방법에 대해 더 분명하게 생각하고 이야기할 수 있습니다. 기획이 좀 더 쉬워지는 것이죠.

경험이 패턴이 되면 지혜가 된다

가지와라 어떻게 프로젝트를 기획하면 좋을까요? 지금까지 저희 회사(이하 'UDS')가 진행한 다양한 프로젝트에서 지역행정, 개발주체나 건축가들의 상담이 늘고 있습니다. 고도 경제성장기나 거품경제 시기에는 새로운 가치를 창출하는 명확한 기획이 없어도 어떻게든 밀어붙이는 게 가능했지만, 소비가 침체되고 건물과 제품이 남아돌기 시작한 요즘은 기획 없이는 프로젝트를 순조롭게 진행하기 어렵습니다.

더욱이 이제는 소비자의 사고방식과 생활방식이 다양화되어, 과거보다 훨씬 기획하기가 까다롭습니다. 게다가 세계화의 진전으로 많은 외국인 관광객이 일본으로 몰려와 우리가 염두에 두어야 할 대상의 폭이 넓어지고, 소비자의 니즈도 계속 바뀌고 있습니다. 그뿐인가요. 앞으로 저출산과 고령화로 인구마저 줄어들면 많은 지역이 존속의 위기에 직면할 것입니다.

요컨대 모두의 지혜와 기술을 총동원해야 살아남는 시대가 되었습니다. 새로운 제품과 일자리에 대한 아이디어를 계속해서 내놓지 않으면 시대 변화에 대응할 수 없습니다. 기획의 요령 없이 빈손으로 도전해서는 성공할 수 없는 세상입니다.

이 때문에 더욱더 많은 사람들이 성공할 수 있도록 '기획의 요령'을 정리할 필요가 있다고 느꼈습니다. 여기에서 말하는 기획의 요령은 아이디어를 내기 위한 방법론, 사고방식의 틀과 우선순위입니다. 저와 함께 일했던 일류 크리에이터들의 공통점은 모두가 사고방식이나 문제해결을 위한 '요령'을 가지고 있었다는 점입니다. 많은 요령을 접하고, 흡수하고, 자산으로 길러온 제 나름의 기획 요령을 숨기지 않고 널리 알려서 전문가가 아닌 사람들도 기획에 활용할 수 있게 된다면 좋겠습니다.

전례 없는 방식을 실현하는 것이 기획자의 일

이바 가지와라 씨는 어떤 계기로 기획이라는 일을 하게 되었습니까?

가지와라 원래 전공은 건축이었습니다. 대학을 졸업하고 첫 직장에서부터 기획 업무를 해왔으니 어느덧 30년 가까이 되었군요. 구체적인 계기라고 한다면… 입사 1년차인 스물네 살 때 분양공동주택을 구입해봤는데, 그때의 경험이 지금의 일을 시작하는 계기가 되었습니다.

제 첫 직장은 공동주택 개발업체였습니다. 그런데 직원이었을 때에는 미처 인지하지 못했다가 실제로 공동주택을 구입해보고서야 알게 된 사실이 몇 가지 있었습니다. 예를 들어 방의 배치를 바꿀 수 없는 것도 불만이었고, 불필요한 중간마진이 붙어서 집값이 비싸진다고 느꼈죠. 또한 실제로 살아보니 엘리베이터나 복도에서 마주쳐도 인사조차 하지 않는 사람이 많아서, 과연 이웃이나 공동체라 할 수 있을지 회의가 들었습니다.

'분양공동주택에는 공동체가 없는 편이 더 편하다'고 말하는 사람도 있고, '중간마진이 붙는 것은 어쩔 수 없다'는 사람도 있습니다. 무엇보다 당시에는 선택지가 분양공동주택밖에 없었기 때문에, 공급자의 사정이 우선시되고 획일적인 조건이라도 받아들일 수밖에 없었어요. 그러나 수요자의 한 사람, 다시 말해 최종사용자의 입장에서 생각해보면 이 또한 이상한 일이었습니다. 어느 동네든 그곳에 사는 사람들은 자기 터전에 나름의 애정을 갖게 마련이잖아요. 그러니 공동주택을 지을 때에도 서서히 공동체가 조성되면서 자연스레 주민들이 지역에 대한 애착을 키워갈 수 있도록 해주어야 합니다.

공동주택에 공동체 본연의 모습을 실현할 수 있는 체계를 만들 방법이 없을까 고민하다 생각해낸 해결책이 '조합식 공동주택 Cooperative House'입니다(3부 '프로젝트 1' 참조). 입주를 원하는 사람들이 모여서 공동으로 땅주인에게 직접 토지를 구입하고, 공동으로 공사를 발주하는 방식입니다. '생협'을 떠올리면 이해하기 쉬울 겁니다. 말 그대로 조합방식으로 사업을 진행하려 한 것이죠. 그러나 실현까지는 험난한 장애물이 많았습니다. 조합방식체계 자체가 당시에는 존재하지 않았으니까요.

그래서 제가 직접 체계를 만들고 사업화를 위해 철저하게 과제를 추출하겠다고 결심했습니다. 장애물을 하나씩 점검하면서 해결

▲조합식 공동주택의 한 예. 훤히 트인 공간으로 빛과 바람이 들어온다. 위쪽에는 루프 테라스로 연결되는 브리지를 배치했다.

방법을 찾는 것이 기획의 출발점이었고, 이것저것 모색하는 동안에 27년이 훌쩍 지나가버린 느낌입니다.

이바 그렇군요. 단순히 고객 관점에서 생각하는 데 머물지 않고 분양 맨션을 실제로 〈구입해본다〉는 접근은 상당히 대담하네요. 그렇게 했기 때문에 알게 된 사실도 있었고요. 직접 체험했으니 당연한 일입니다. 새로운 조합방식의 체계는 어떻게 실현했습니까?

가지와라 해결책을 찾기 위해 실현의 걸림돌이 되는 과제를 그저 계속해서 묻고 또 물었습니다. 예를 들어 행정기관에서 난색을 표할 때 "왜 안 된다는 겁니까?"라고 물어봤더니 "주민이 공동으로 진행하면 문제가 발생하기 때문에 안 된다"는 대답이 돌아왔습니다. 그들로서는 마찰의 소지가 있는 방식은 달갑지 않다는 것이죠. 그때 "구체적으로 어떤 문제가 발생한다고 생각합니까?"라고 더 파고들어 물어봄으로써 과제를 파악할 수 있습니다.

　가장 힘들었던 부분은 토지구입이었습니다. 뜻을 모은 사람들이 다 함께 현금을 내서 살 수 있다면 좋겠지만 그런 경우는 좀처럼 없었습니다. 결국 은행에서 돈을 빌려야 하는데, 어떤 은행도 하나의 토지를 담보로 10명 넘는 사람에게 돈을 빌려주려 하지 않았습니다. 불가능한 이유를 알아내기 위해 여러 은행을 찾아가 직접 이야기를 들어보니 "해본 적이 없기 때문"이랍니다. 그럴 때에는 "왜 해본 적이 없습니까?", "혹시 이런 문제가 있기 때문입니까?"라고 이야기를 이어갑니다.

여러 은행의 이야기를 듣다 보니 새로운 정보를 얻을 수 있었습니다. 그 정보들을 차곡차곡 받아 적으면서 '이 문제를 해결하기 위해서는 어떻게 하면 좋을까?' 하고 고민합니다. 방안이 떠오르면 다시 은행으로 가서 "요전에 말씀하신 이 문제는 이렇게 해결하면 될 것 같은데 어떻게 생각하세요?"라고 제안하는 과정의 반복이었습니다.

다른 사람의 도움을 이끌어내면서 해결해가는 느낌이라고 할까요? 혼자 틀어박혀 아무리 고민해도 해결책은 쉽게 떠오르지 않습니다. 자신의 아이디어에 반대하는 사람을 '해결의 실마리를 제공하는 훌륭한 아군'이라고 생각하는 편이 낫습니다. 반대하는 사람은 불가능한 이유를 열심히 찾아서 알려주는데, 그게 오히려 문제해결의 힌트로 연결된다는 사고방식입니다.

이바 '전례가 없어서 불가능하다'에서 '왜 전례가 없을까?', '어디에 어떤 문제가 숨어 있을까?', '그 문제는 어떻게 해결할 수 있을까?'라고 사고를 발전시킬 수 있다는 말씀이군요.

가지와라 '전례가 없어서 불가능하다'는 말을 들으면 "아, 그렇습니까?" 하고 물러서는 사람이 많을 겁니다. 하지만 그런 상황에서 포기하지 않고 "전례가 없는 이유는 무엇입니까?", "지금까지 어째서 불가능했습니까?"라고 다시 물어보는 겁니다. 그렇게 하면 "도

중에 돌아가시는 분이 있으면 곤란하잖아" 또는 "상속은 어떻게 할 거야?" 같은 대답이 돌아오는데, 이게 힌트로 이어지는 정보가 됩니다. 반대하는 사람들은 해당 분야의 전문가이기 때문에 그들이야말로 문제의 핵심을 잘 파악하고 있죠.

이바 앞으로 일어날 문제를 알았으니 그것을 방지할 체계를 준비하면 된다는 이야기로군요.

가지와라 공동으로 돈을 빌릴 경우 금융기관의 최대 난제는 채무자들 중 누군가 세상을 떠났을 때의 처리방안이었습니다. 그렇다면 사망의 위험회피risk hedge 방법으로 생명보험을 만들어야겠다는 생각이 들더군요. 그래서 생명보험회사를 찾아가 "이런 보험을 만들지 않겠습니까?"라고 제안했는데, 이쪽도 은행과 마찬가지로 "안 돼. 생명보험에 그런 융자는 없어"라며 거절했습니다. 이번에도 "어째서 안 된다는 겁니까?"라고 질문해서 다양한 힌트를 얻었습니다. "전례가 없는 데다 무엇보다 번거롭다"고 하거나, "이런 상품은 수요가 많지도 않은데 우리가 뭐 하러 만들겠나"라는 이야기도 나왔습니다.

　"그래도 1인당 2000만 엔짜리 생명보험이 15건입니다. 합계 3억 엔의 계약 건이라면 나쁘지 않잖아요?"라고 제안했더니 "그렇네… 3억 엔이란 말이지? 그렇다면 나쁘지 않은데?"라고 하더군요. 제가 얼른 이야기를 이어갔죠. "그런 보험이 1년에 10개만 있으면 30억 엔입니다. 상당히 좋은 실적 아닌가요?" 대형 생명보험 회사라면 별것 아닐지 몰라도 이제 막 진입한 보험사에는 나쁘지 않은 제안이죠.

상상력과 창조력을 건드리는 도구, 패턴 랭귀지

이바 문제를 해결하는 수준을 넘어 기존에 없던 것까지 만들어내다니 대단합니다. UDS는 기획과 설계는 물론이고 건물이 완공된 이후의 운영까지 계획하고 있고, 실제로 직접 운영하고 있는 곳도 많지요? 그런 부분까지 포함한 가지와라씨의 기획 업무는 '프로젝트'라는 이름에 적절하다는 생각이 들었습니다. 그리고 그 프로젝트를 만드는 방법인 '프로젝트 디자인'의 비결은 대단히 흥미롭습니다. 이는 건축과 공간의 기획에 국한되지 않고 보다 넓은 범위의 기획에도 도움이 될 수 있다고 생각합니다. 이 책에서 다룰 내용이기도 하고요. 기획의 요령을 정리한 '프로젝트 디자인의 패턴 랭귀지'입니다.

▲크리스토퍼 알렉산더, 사라 이시가와, 머레이 실버스타인 공저 (이용근, 양시관, 이수빈 공역) 《패턴 랭귀지 : 도시 건축 시공》 인사이트, 2013.

제가 연구하는 '패턴 랭귀지'는 좋은

디자인이나 바람직한 실천의 비결을 공유하기 위한 방법으로, 상황에 따라서 판단할 때 사용하는 경험칙을 언어화합니다. 여기에서 말하는 '언어화'는 경험칙을 단순히 문장으로 기술하는 것이 아니라 경험칙 하나하나에 '이름' 붙이는 것을 의미합니다. 다시 말해 좋은 디자인이나 바람직한 실천을 지칭하고 이에 대해 소통할 수 있는 '새로운 단어'를 만드는 것이죠. 이런 단어가 있으면 디자인이나 실천방안에 대해 복잡하지 않게 사고할 수 있고 이야기하기도 쉬워집니다. 그리고 무엇보다 좋은 디자인과 바람직한 실천으로 이어집니다.

패턴 랭귀지는 건축 분야에서 탄생해 소프트웨어 개발에 종사하는 사람들에게로 확산되었습니다. 애초에는 건축 디자인을 위한 언어 그 자체를 의미했지만, 소프트웨어 분야로 응용되면서 디자인 비결을 공유하는 하나의 '방법'으로 새롭게 해석되었다고 할 수 있습니다. 그 뒤 이 방법은 교육과 조직 등의 분야에도 응용되기 시작합니다. 여기서 디자인의 대상은 건축과 소프트웨어가 아니라 인간의 행위와 활동입니다. 선구적인 연구로는《Fearless Change : Patterns for Introducing New Ideas》

▲Linda Rising, Mary Lynn Manns 공저《Fearless Change : Patterns for Introducing New Ideas》 Addison-Wesley, 2004년 10월

가 있습니다.

　앞으로 다룰 '프로젝트 디자인'의 패턴 랭귀지는 주로 건축과 공간 분야의 실천을 바탕으로 만들어졌지만, 알렉산더처럼 '어떤 것이 좋은 건축과 공간인가?'라는 공간적 형태의 패턴이 아니라 '어떻게 기획과 프로젝트를 실행하는가?'라는 행위 디자인의 패턴입니다. 건축 디자인에서 시작되어 소프트웨어 디자인에 응용되고, 교육과 조직 등에 관련된 행위 디자인으로 전개된 방법이 다시 건축 분야로 돌아왔다고도 할 수 있겠네요. 생각해보면 UDS가 만들어내는 공간에는 알렉산더가 중요하게 여기던 것들이 체현돼 있는 것처럼 보입니다. 가지와라 씨도 알렉산더의 《패턴 랭귀지》는 읽으셨지요?

가지와라 학창시절 패턴 랭귀지를 공부했고, 그 뒤로 제 사고방식에 참조하고 있습니다.

이바 역시 그렇군요. UDS가 만들어내는 공간은 나무를 효과적으로 사용하거나 빛의 느낌이 좋아서 매력적인 동시에 편안함이 느껴집니다. 패턴 랭귀지는 본래 높은 질質을 창출하기 위해 고안된 것입니다. 공간에 질이 중요하듯 기획이나 프로젝트 활동에도 활동의 질이 존재하죠. 배움에도 질이 있고, 프레젠테이션이나 협동작업에도 질이 있습니다. 높은 수준의 질을 실현할 수 있는 방법을 다양한 패턴의 조합으로 정리한 것이 바로 행위를 대상으로 하는 패턴 랭

▲이바 다카시, 오카다 마코토
(岡田誠) 편저 《여행의 언어 : 치
매와 함께 보다 나은 삶을 위한
힌트》 마루젠출판, 2015.

귀지입니다.

제가 이 연구를 해온 지 10년 정도 되었는데, 지금은 '행위의 패턴 랭귀지'가 폭넓게 활용되고 있지만 초기에는 쉽게 받아들이지 못하는 분위기였습니다. 건축이나 소프트웨어 같은 객체를 디자인하는 건 이해되지만, 행위를 디자인한다니 도무지 감을 잡을 수 없다는 분이 많았습니다. '인간 활동은 패턴화할 수 없다'는 반발도 있었고요. 그럼에도 차근차근 적용사례를 늘리고 대화에 사용하는 등 패턴 랭귀지를 활용하는 법도 고안하고 꾸준히 실천한 결과, 점차 많은 사람들이 받아들이게 되었습니다.

최근에 패턴 랭귀지의 원조격인 건축가들을 만나 저희 작업을 소개할 기회가 있었습니다. 패턴 랭귀지를 인간 활동에 적용하는 것을 그들이 어떻게 받아들일지 솔직히 걱정도 되었는데, 다행히 크게 공감해주었습니다. 그들과 저희 활동의 목표가 궁극적으로 다르지 않기 때문이겠죠. 건축 분야에서 패턴 랭귀지를 만든 이들도 결국 목표는 사람들의 생활과 인생을 개선하는 것이었습니다. 건축과 공간을 만들어내는 방법을 통해 그 목적을 이루기 위해 노력한 것입니다. 마찬가지로 저희도 더 나은 일상, 더 나은 삶을 위해 행동 디자인을 지원하고 있습니다. 방법은 다르지만 목표는 하나였던 셈입니다.

▲리코 퓨처하우스(RICOH Future House) 안에 위치한 음식점 PUBLIE. 삼나무로 만든 대형 테이블을 놓고, 트인 실내공간에 초목을 심어 변화를 주었다.

가지와라 저는 UDS에서 이런저런 프로젝트를 시작할 때 "공간디자인으로만 생각하지 말고 기획하는 방법부터 경영하는 방식까지, 행위를 포함해 전체적인 디자인에 대해 구성원 모두의 지혜와 경험치를 모아서 고민해보자"고 자주 말합니다. 이게 저희가 말하는 '프로젝트 디자인'이지요. 건축이나 공간디자인과 관련한 프로젝트는 매우 복잡하고 까다롭기 때문에 대부분 넓은 시야로 바라보지 못하고 해당 분야에만 신경 쓰며 기획하게 됩니다. 당연히 한정된 기획이 나올 수밖에 없죠. 프로젝트 디자인을 하려면 기획하는 방법부터 조금씩 기준을 바꿀 필요가 있습니다. 물론 이게 말처럼 쉽지는 않지만요. 다양한 관점이 존재한다는 건 다들 알지만, 구체적으로 파악하고 활용할 수 있는 계기가 좀처럼 없기 때문입니다.

이럴 때 패턴 랭귀지를 사용하면 기준을 유연하게 바꾸면서 창조적 발상을 할 수 있습니다. 실제로 많은 건축가들이 알렉산더의 패턴 랭귀지라는 사고방식을 활용하고 있습니다. '반드시 이렇다'는 명확한 답을 바라기보다는 사고방식을 정리하거나 아이디어의 힌트를 얻는 용도로 사용하는 것 같습니다. 그런 점에서 건축에 종사하는 사람에게 프로젝트 디자인과 패턴 랭귀지는 잘 맞고 쉽게 융합시킬 수 있는 개념입니다. 한편 건축 종사자가 아니라도, 예를 들어 공공기관이나 기업에서도 이 패턴이 있으면 건축에 대한 이미지를 간단히 파악할 수 있고, 아이디어를 내기도 쉬워집니다. 건축가뿐 아니라 다양한 분야의 전문가에게 사고를 위한 힌트가 되는 것이죠.

이바 그렇습니다. 패턴은 상상력과 창조력을 넓혀주는 힘을 가지고 있습니다. 패턴이라 하면 대부분 '틀에 박히다' 또는 '틀에 끼워 맞추다'를 먼저 떠올립니다. 그러나 패턴은 억지로 틀에 끼워 맞추는 것이 아니라 틀을 인식함으로써 상상력을 풍요롭게 하고 창조적으로 생각할 수 있도록 지원해주는 것입니다. 아무리 훌륭한 시와 소설 아이디어가 넘쳐나도 공유할 수 있는 단어나 문법이 없다면 표현하고 전달할 수 없습니다. 단어와 문법이 있기에 인간은 창조적인 존재가 될 수 있습니다.

개인의 기획 노하우를 팀의 역량으로 확장한다

이바 더욱이 우리 인간은 언제나 비슷한 실패를 반복합니다. 또 비슷한 문제에 직면합니다. 바로 그렇기 때문에 실패와 문제에서 벗어나기 위한 해결책을 공유하는 것은 큰 의미가 있습니다. 저는 대학에서 학생들을 가르치고 있어서 그들에게 프레젠테이션을 지도할 기회가 많습니다. 그런데 매년 같은 말을 하게 돼요. 학생들이 실패하거나 어려워하는 부분이 크게 다르지 않기 때문이죠. 학생 입장에서는 처음 도전하는 것이라 어찌 보면 당연한 일입니다. 그러나 약속이라도 한 듯 모두가 비슷한 문제에 직면하는 것을 보면서 '모두가 겪는 문제를 혼자서 손쉽게 극복할 수 있는 방법은 없을까?' 하고 궁금해졌습니다. 그것이 제가 '프레젠테이션 패턴'을 만들게 된 계기였습니다. 종종 경험하는 문제와 해결책의 공통패턴을 언어화하고, 그것을 전달하기 쉽고 미경험자도 간단히 상상할 수 있게 정리했습니다. 그 결과물이 프레젠테이션의 패턴 랭귀지를 다룬 《프레젠테이션 패턴 : 창조를 유발하는 표현의 힌트》입니다.

사회라고 다를 바 없죠. 여러 프로젝트에서 비슷한 문제가 발생합니다. 그중에는 오랜 시행착오를 거치면서 문제가 해결되는 경우도 있지만, 해결하지 못한 채 실패로 끝나버리는 경우도 있을 겁니다. 경험이 풍부한 사람의 조언이나 도움을 받아 겨우 성공하는 경우도 있을 테고요. 매일 그런 일들을 반복하면서 이른바 노하우가 전수됩니다.

▲이바 다카시 + 이바 연구실 공저 《프레젠테이션 패턴 : 창조를 유발하는 표현의 힌트》 게이오기주쿠대학출판회, 2013.

이 또한 전수하는 이와 받는 이가 오랜 시간을 함께 보냈기에 가능한 일입니다. 오늘날은 이직도 잦고, 아예 다른 분야나 직종으로 이동하는 사람도 많습니다. 조직 내부에서도 다양성과 유동성이 장점으로 여겨집니다. 이런 시대에 오래 함께 지내지 않으면 노하우를 전수받을 수 없고, 그래서 문제해결도 늦어지거나 불가능하다는 논리가 순순히 받아들여질까요? 아니죠. 이 때문에 다양한 경험과 사례에서 발견한 공통패턴을 재해석하고 공유하는 장치를 만드는 것이 중요합니다. 패턴 랭귀지를 인간행위에 적용해서 하려는 일이 바로 이것이고요.

가지와라 맞습니다. 제가 기획의 요령을 패턴으로 정리하게 된 계기도 다르지 않습니다. 5년 전에 UDS 중국법인을 설립한 이후 1년 중 상당 기간을 중국에서 보내고 있는데, 그러다 보니 문제가 생겼습니다. 예전에는 도쿄의 사무실에서 각각의 프로젝트에 대해 직원들과 의견을 나눴는데, 제가 중국에 있느라 한 자리에서 회의할 기회가 없어지니 진행과정이 삐걱대기 시작했습니다. 어느 정도 예상은 했지만, 사고방식이나 일처리 방식의 요령을 직원들에게 정확히 전달하지 못한 제 불찰이었죠. 더 늦기 전에 제가 그 자리에 없어도 전달할 수 있는 방법을 만들어야 했습니다. 게다가 회사가 성장하면서 직원이 늘어나니 예전처럼 직원의 기획을 일일이 확인하는 게 불가능해졌을 것 아닙니까? 제가 없어도 어느 수준까지는 직원들끼리 기획을 진행할 수 있는 방법이 절실하게 필요했습니다. 이것이 '기획의 요령'을 패턴 랭귀지로 정리하기로 결심한 첫 번째 이유입니다.

또 하나의 이유는 제 자신의 성장을 위해서입니다. 옛날에는 저도 즉문즉답하듯이 '이런 경우에는 이렇게 생각하면 된다'는 말을 했습니다. 하지만 나이를 먹어가면서 아무래도 예전만 못하다는 것을 느낍니다. 더 늦기 전에 아이디어 떠올리는 방법을 정리하지 않으면 기획의 질이 올라가지 않겠다는 위기의식이 들었습니다. 이것이 최근 몇 년간 제 과제였습니다. 그래서 패턴 랭귀지를 사용해 최대한 효율적으로 '기획의 요령'을 정리하기로 했습니다.

이바 장기기사 하부 요시하루羽生善治가 이런 말을 했습니다. 젊었을 때에는 엄청나게 머리를 굴려서 수를 미리 읽어 승리를 거뒀지만, 나이를 먹으면서 전체적인 형세를 파악해 직관적으로 판단하는 것이 큰 도움이 된다고 말입니다. 제 나름의 표현으로 바꿔 말하면, 계속 경험칙을 쌓은 결과 감각이 예리해져서 새로운 상황에서도 대략의 패턴을 파악할 수 있게 된 것이겠죠. 나이를 먹으면 신체 능력과 경험이 변하기 때문에 당연히 사고방식도 변하게 됩니다.

어쩌면 조직도 마찬가지일지 모릅니다. 성장해서 인원이 늘거나 복잡도가 증가하거나 유동성이 증가하면, 어쩔 수 없이 그때까지의 경험칙에서 패턴을 유출해 사용하는 방식으로 변하게 됩니다. 그 과정에서 구성원이 대체되기도 하고요. 그런 것을 지원해주는 것이 패턴 랭귀지라고 생각합니다.

비전과 지침을 잇는 '중간의 언어'를 만든다

이바 패턴 랭귀지는 '잘게 쪼개는' 것과 '추상화'가 모두 중요합니다. 그래야 다른 상황에서도 유용하게 적용될 수 있습니다. 때에 따라서는 패턴끼리 조합해서 활용하는 것도 가능하고요. "프로젝트 디자인에서 중요한 것은 무엇입니까?"라는 질문을 받으면 대부분 "가장 중요한 것은…" 또는 "중요한 점을 3가지로 정리하면…"처럼 대답할 겁니다. 그런데 제가 정리한 패턴 랭귀지는 32가지나 됩니다. "네? 굉장히 많네요!"라고 많이들 놀라십니다.

그러나 이렇게 많다는 것 자체에 의미가 있습니다. 가짓수가 많다는 것은 그만큼 상세한 레벨로 보고 있다는 뜻입니다. 다시 말해 '가장 중요한 것' 또는 '중요한 것 3가지' 수준에 머물지 않고 한두 레벨 아래의 경험칙까지 파악하고 이름 붙이는 것이죠. 왜 그 레벨까지 파악하고 언어화해야 할까요? 그 정도까지 내려가야 실행에 실질적인 도움을 줄 수 있기 때문입니다.

사고와 커뮤니케이션에도 '적절한 추상화 수준'이 존재합니다. 예를 들어 설명해보겠습니다. 의자나 책상은 가구의 일종입니다. 그 밖에도 가구에는 옷장, 책장, 식기장 등 다양한 종류가 있습니다. 이처럼 우리는 '가구'라는 언어와 함께 그보다 한 단계 아래인 '의자', '책상', '옷장' 등의 언어도 가지고 있습니다. 이렇게 각기 다른 추상도의 언어를 필요에 따라 구분해서 사용하죠. 새로운 주거를 마련해서 '가구'를 갖추고 싶을 때에는 '가구' 전문점에 갑니다. 이럴 때에는 '가구'라는 큰 개념으로 인식하는 편이 개별적으로 열거하는 것보다 이해하기 쉽고 편리합니다.

한편 가족 수나 손님을 감안해서 살 때에는 '의자'가 몇 개 필요한지 따져봅니다. 이때에는 "의자가 몇 개 필요할까?"라고 해야지, "가구가 몇 개 필요할까?"라고 물어보면 원활한 의사소통을 할 수 없습니다. 가구에는 '책장'이나 '식기장'도 포함돼 있으니까요. 대상을 특정해서 소통하고 싶다면, 대상을 언급하기에 적절한 레벨의 언어가 필요합니다. 마찬가지로 프로젝트 디자인의 중요사항을 실행할 수 있도록 지원하려면 컨셉이나 슬로건 등 포괄적인 수준보다 한 단계 아래 레벨의 언어가 반드시 필요합니다.

하지만 그렇다고 무조건 상세할수록 좋은 것도 아닙니다. '의자'에는 '팔걸이의자', '스툴의자', '덱체어', '흔들의자' 등 다양한 종류가 있고, 그 밑으로도 'ㅇㅇ팔걸이의자', '△△팔걸이의자', 'ㅁㅁ팔걸이의자'처럼 더 자세하게 나눌 수 있습니다. 이것은 정도의 문제입니다. 생각이나 의사소통에 너무 상세한 언어를 사용하면 여러 모로 불편합니다. 이미지를 구체적으로 전달한다는 장점은 분명히 있지만, 그렇게까지 상세히 구별해야 할 경우는 별로 없잖아요. 게다가 지나치게 구체적이면 각 개체를 여럿 열거해야 하니 번거롭습니다. 프로젝트 디자인을 지원하는 언어도 마찬가지입니다. 너무 상세하면 불편합니다.

그런 의미에서 지금 우리에게 필요한 것은 대략적인 상위와 상세한 하위 사이, 즉 중간 수준의 비결과 경험칙입니다. 말하자면 '중간의 언어'인데, 정작 이 레벨의 언어가 매우 부족합니다. 기업도 마찬가지예요. 상위 비전은 확실하고 모두가 알고 있습니다. 그리고 하위 수준의 구체적인 실행지침도 존재합니다. 그런데 이 둘을 연결하는 중간이 없어요. 그러니 비전과 지침의 관계를 파악하기 어렵고, 그 결과 충동적으로 행동하거나 생각 없이 행동하게 됩니다. 그동안 다양한 분야에서 패턴 랭귀지를 만들며 접해온 현상이 이러했습니다. 어느 분야든 중간이 불투명하고, 이를 논의하기 위한 '중간의 언어'도 통째로 빠져 있었습니다. 이런 점에서 패턴 랭귀지를 만든다는 것은 비전 등의 상위 개념과 구체적인 행동지침 등의 하위 개념 사이에 존재하는 '중간의 언어'를 만드는 작업이라 할 수 있습니다.

가지와라 맞습니다. 저 또한 절실하게 느끼는 바입니다. 제가 큰 개념만 전달하면 직원들이 좀처럼 감을 잡지 못합니다. 반대로 세부적인 내용만 설명하면 "알겠습니다"라고 대답은 하는데 실제로는 제대로 이해하지 못한 경우가 적지 않습니다. 그런 의미에서 중간 수준을 효과적으로 전달할 수 있게 되면 좋겠습니다.

이바 예를 들어 프로젝트에서 대략적인 목적과 방침을 아무리 설명해도 세부사항과 연결할 수 있는 경험이 없는 사람은 어떻게 하라는 건지 감을 잡기 힘듭니다. 그렇다고 구체적인 수준까지 일일이 참견해버리면 담당자가 스스로 생각하지 않게 되어 창조성과 유연성이 사라지죠. 사실 수많은 프로젝트에 일일이 지시한다는 것 자체가 물리적으로 가능하지도 않고요. 그러므로 프로젝트를 기획하고 완성하는 비결을 중간 수준의 패턴으로 명확히 제시하는 게 중요합니다. 비전과 방향을 구체적으로 어떻게 실현할지 스스로 생각하거나 서로 상의할 수 있게끔 하는 것이죠.

가지와라 그런 패턴들을 사고에 반영할 수 있게 되면 구체적인 사례에도 응용하기 쉬워지겠네요.

이바 그렇죠. 그런데 제가 말씀드린 내용을 잘못 해석하는 경우가 있더군요. 가끔 제게 패턴 랭귀지가 '설명서'나 비즈니스에서 자주 사용하는 '사례'와 같은 것 아니냐고 묻는 분들이 있습니다. 패턴 랭귀지와 설명서 모두 성공적으로 실행하기 위한 방법을 공유한다는 점에서 비슷하다고 생각하는 듯한데요, 그러나 성격이 전혀 다릅니다. 무엇보다 공유의 대상이 달라요. 설명서는 어떤 일을 수행하기 위한 '절차'를 공유하기 위한 것입니다. 요리 조리법을 생각해보세요. 처음 해보는 요리라 해도 레시피, 즉 설명서가 있으면 어떤 단계에서 무엇을 해야 하는지 알 수 있습니다. 기구의 취급법 또는 규칙이 있는 사물의 사용방법처럼 기본적인 절차가 정해져 있는 경우는 설명서가 도움이 됩니다. 깊이 생각하지 않아도 적힌 대로 읽고 실행할 수 있도록 하는 것, 이것이 설명서의 목적입니다. 또한 누구의 도움 없이 설명서만 읽으면 알 수 있도록 그 안에서 완결되어 있는 것이 설명서의 장점입니다.

그에 비해 패턴 랭귀지는 설명서에 넣을 수 없는, 다양한 실현방법이 존재하는 사고방식이나 계속 변화하는 방식을 공유하기에 적합합니다. 패턴 랭귀지는 '절차'가 아니라 실현방법을 상상하도록 촉진하는 '언어'를 만드는 데 중점을 두기 때문이죠. 설명서처럼 쓰여 있는 대로 따라 하는 것이 아니라, 내용을 이해하고 머리를 써서 자기 나름의 방식을 생각해내도록 합니다. 느슨하게 연결된 작은 단위의 패턴은 본인의 특성이나 현재 처한 상황에 따라 취사선택해서 조합해 사용할 수도 있고요.

이런 특성 때문에 패턴 랭귀지는 창조적 활동을 지원하기에 적합합니다. 한 가지 방법만 제시하는 설명서는 창조적인 활동을 지원하기에 적절하지 않죠. 그렇다고 '어쨌든 직접 시행착오를 거치는 수밖에 없다'고 방임할 수도 없고요. 이 두 간극을 이어주는 '중간의 언어'가 바로 패턴 랭귀지입니다.

'중간의 언어'라는 점에서 패턴 랭귀지는 사례와도 구별됩니다.

사례는 말 그대로 구체적인 예를 취급하지만, 패턴은 구체적인 사례에 공통적으로 보이는 비결을 추상화하여 공유합니다. 모범사례를 소개하는 것은 강의나 책에서 자주 접하는 방식인데요. 사례에서 교훈을 얻고 자신에게 적용하기 위해서는 개별 사례의 핵심을 추상화해서 파악하는 과정이 필요합니다. 그런 다음 다시 본인의 상황에 맞춰 구체화하는 것입니다. 즉 '구체에서 추상으로'와 '추상에서 구체로'라는 두 단계가 필요합니다.

패턴 랭귀지는 이 중에서 추상화하는 단계에 해당합니다. 이는 저희가 2부에 정리해놓았습니다. 여러분이 예상하는 것보다 더 많은 프로세스를 거치며 정성을 들여 만들었습니다. 여러분은 이렇게 추상화된 것을 어떻게 본인의 상황에 맞춰 구체화할지만 고민하면 됩니다. 그러다 보면 점차 '이런 추상적 수준에서 경험칙을 정리하면 되는구나'라는 감각이 생길 겁니다. 그 단계에 이르면 '구체에서 추상으로', 즉 직접 본인의 사례에서 본질을 이해하고 패턴을 만들어보는 것도 좋습니다. 실제로 사례에서 패턴을 만드는 연수를 실시하는 기업과 관청들도 있습니다.

이처럼 패턴 랭귀지는 설명서나 사례와는 다른 역할을 하며, 이들과 함께 사용되곤 합니다. 다시 한 번 강조하지만, 패턴 랭귀지는 공통언어가 되는 '새로운 언어'를 만드는 것입니다. 그것이 패턴 랭귀지의 '랭귀지'가 갖는 의미입니다.

개인들의 경험을 연결해 재활용한다

이바 저는 어떤 것을 만드는 사람, 만들어내는 사람의 발상이나 방법에 관심이 많습니다. 그래서 소설가, 예술가, 과학자, 기업가의 책과 인터뷰 기사를 많이 읽는 편인데요. 그런 분들은 대개 본인의 방식을 의식하고 있었습니다. 어떻게 하면 본인이 지속적으로 좋은 성과를 낼 수 있을지 대단히 신중히 고민하고, 시행착오를 거쳐 실천에 옮깁니다.

일례로 소설가 무라카미 하루키도 그런 사람입니다. 글 쓰는 직업인 만큼 자신의 방식에 대한 책도 여러 권 썼는데,《직업으로서의 소설가》등을 읽어보면 나름의 독자적인 패턴이 있다는 것을 알 수 있습니다. 본인이 어떤 방식을 적용하고 있고, 거기에는 이러저러한 이유가 있다고 자각하고 있습니다. 그는 '나의 방식이 모두에게 통할지 여부는 알 수 없다. 그래도 내 방식을 소개하는 것이 뭔가 의미는 있을 것이다'는 생각에 책으로 펴냈다고 했습니다.

우리도 마찬가지로 자기 나름의 방식을 가지고 있습니다. 그것이 다른 이에게 도움이 될지는 우리도 알 수 없어요. 그래서 일상에서는 자신의 방식을 타인에게 전수하는 경우가 좀처럼 없습니다. 후배를 키우거나 누군가에게 질문을 받았을 때가 아니라면 자신의 방식에 대해 말할 기회가 많지 않죠. 이렇게 개인의 경험과 경험칙은 블랙박스가 되어 다른 사람들은 볼 수 없는 상태로 묻혀버립니다.

그나마 이건 자신의 방식을 아는 경우입니다. 자신이 어떤 경험칙을 활용하고 있는지 본인조차 확실히 인지하지 못하는 경우가 많지 않나요? 일상에서 일어나는 일들은 너무 당연해서 당사자의 눈에는 보이지 않습니다. 게다가 그것들은 암묵지여서 다른 사람에게 가르쳐주기도 어렵습니다. 패턴 랭귀지에서는 이처럼 평상시에 인식하지 못하고 있는 경험칙을 파악해 언어화합니다.

그렇게 완성된 패턴 랭귀지를 사용해서 '질문을 던질' 수 있다는 점이 매우 중요합니다. 언어로 표현하면 비로소 사람들이 그 존재를 인식하고, 의미에 대해 질문하거나 경험에 대해 물어볼 수 있습니다. 예를 들어 "〈이유 파고들기〉는 어떤 것입니까?" 또는 "그 프로젝트에서 〈이유 파고들기〉 작업도 했습니까?"라고 물어볼 수 있습니다. 〈이유 파고들기〉라는 패턴이 없다면 애초에 그런 경험칙이 있다는 것을 알 길이 없고, 질문도 할 수 없습니다. 언어가 존재하기 때문에 그에 대한 질문을 던질 수 있습니다.

질문받은 쪽도 의미가 있죠. "〈이유 파고들기〉 말인가? 그러고 보니 확실히 하고 있는걸" 하는 식으로, 질문을 통해 비로소 자기가 하는 일을 알아차리기도 합니다. 눈앞의 프로젝트뿐 아니라 기존의 다양한 경험을 생각해내고 그에 대해 이야기할 수도 있습니다. 이 또한 언어가 존재함으로써 그 관점에서 경험을 재발견하고 재해석해서 이야기하게 되는 패턴 랭귀지의 효과 중 하나입니다.

이러한 커뮤니케이션이 이루어지면 조직 내부의 소통에도 변화가 일어납니다. 경험이 풍부한 사람에게서 경험이 부족한 사람에게로 전해지는 지시와 조언뿐 아니라 반대 방향으로 진행되는 '질문'의 의사소통도 생겨나죠. 일방적으로 주입받는 수동적 입장에서 벗어나 적극적이고 주체적으로 참여하게 됩니다. 공통언어가 생겼으니 다른 이들과의 공동작업에서 호흡을 맞추기도 수월해집니다.

이 모든 변화는 조직의 창조성을 높이는 데 서서히 영향을 미칩니다. 저는 '패턴 랭귀지는 조직을 창조적으로 만들어주는 보약'이라고 자주 말합니다. 가치 있는 체질개선으로 이어지니까요.

이는 비단 조직에만 국한되지 않습니다. 구성원 개인의 자세에도 좋은 효과를 미치죠. 패턴이라는 관점에서 자신의 경험을 비추어보면, 하나의 패턴에 다양한 경험이 해당되는 것을 알 수 있습니다. 즉 패턴 랭귀지를 통해 경험의 정리가 가능해집니다. 또한 회사에서는 접하지 못했던 패턴이라도 인생의 다양한 장면에서, 이를테면 학교나 취미생활에서 이미 경험했다는 사실을 깨달을 수도 있습니다. '건축기획을 해본 적은 없지만 학교 축제에서 행사를 기획하면서 비슷한 일을 했다'고 인식할 수 있습니다. 개인생활이나 학창시절의 성공경험을 업무에 효과적으로 반영할 수 있다면 참조할 만한 경험이 단번에 늘어나는 셈이죠.

이것이 패턴의 추상적 성격이 갖는 힘입니다. 개인의 경험을 연결해줌으로써 '구체성의 덫'에서 탈출하게 해줍니다. 그렇게 되면 대수롭지 않게 여겼던 과거의 일화도 도움이 됩니다. 패턴을 통해 자신이 소소할지언정 그런 경험을 한 적이 분명히 있음을 깨닫게 되면 용기가 생기고, 그때의 감각을 총동원해 눈앞의 프로젝트에 착수할 수 있습니다. 지금까지의 경험을 긍정적으로 끄집어내 재활용하고, 동시에 다른 사람의 경험을 효율적으로 받아들이면 성장의 가능성이 높아질 수밖에 없겠죠. 저는 이것을 '경험의 연속성을 만든다'고 표현합니다. 패턴 랭귀지는 그런 가능성을 내포하고 있습니다.

가지와라 나아가 패턴을 읽고 그것에서 배우는 것에 그치지 않고 본인만의 패턴도 만들면 좋겠습니다. 실적이 계속 쌓이면서 자연스레 자신의 장단점에 대한 정리도 될 것 같지만, 실제로는 많은 이들이 본인의 장점을 정리하지 못한 채 일에 뛰어듭니다. 그럴 때 자기 나름의 패턴을 만들어보면 도움이 됩니다. 그 패턴이 점점 확산되면서 자신만의 방식과 장점을 확립할 수 있으니까요.

이바 맞습니다. 다른 사람이 만든 패턴을 활용하기만 하는 것이 아니라 직접 패턴을 만드는 것은 대단히 중요합니다. 자신의 성공패턴을 만드는 것은 배움에 깊이를 더하고 처리방식을 세련되게 만드는 훌륭한 방법입니다. 하지만 패턴이 무엇이고 어떻게 활용할 수 있는지 실감하지 못하면 좋은 패턴을 만들기 어렵습니다. 의자에 앉아본 적 없는 사람이 새롭고 좋은 의자를 만들기 어려운 것처럼 말이죠.

'이런 상황에서는 이렇게 하는 것이 좋다. 이런 이유 때문이다'라는 것은 '이런 상황에서는 이런 문제가 발생하기 쉬우니 이렇게 해결하는 것이 좋다'고 바꿔 말할 수 있습니다. 그것을 작은 단위로 모아서 이름 붙이는 것을 저는 '패턴 랭귀지 사고'라 부릅니다. 이런 식으로 자기 나름의 가설을 세우고 그것을 시험해보면서 완성하는 거죠. 다른 사람들에게도 알려주고 그들의 경험과 사례를 통해 개선하는 과정에서 하나의 가설은 신뢰할 수 있는 확실한 것이 됩니다.

'멋있고, 수익성 있고, 의미 있는 것'을 기획한다

이바 2부에서 소개할 패턴 중 하나로 〈기획 철학〉이 있습니다. 가지와라 씨의 기획 철학은 '멋지고, 수익성 있고, 의미 있는 것'이라고 하셨죠?

가지와라 네, 제가 기획할 때 항상 의식하는 제 중심철학입니다. 기획의 마지막 순간까지 조금이라도 반영하기 위해 최선을 다하고 있죠. 크리에이터로 일하다 보면 보기 좋은 멋진 것으로 치우치기 쉽습니다. 실제로 그런 사람들도 많아요. 디자인을 중요하게 생각하는 자세는 대단히 중요합니다. 그러나 건축물이나 거리를 만들 때 멋지기만 해서는 소용이 없습니다. 사업성이 나쁘면 유지할 수 없게 되지 않습니까? 또, 사회성이 없으면 매력적인 공간이 될 수 없습니다.

따라서 '멋지고(디자인성), 수익성 있고(사업성), 의미 있다(사회성)'는 3가지를 모두 구비하도록 특히 신경 씁니다. 이 세 요소를 모두 갖춘 프로젝트를 고안하도록 사회에 제안하겠다는 것이 제 신념입니다. 민간기업은 디자인과 사업성만 신경 쓰는 경향이 있고, 공공기관은 거꾸로 사회성은 강하지만 사업성은 조금 부족하지 않나 싶습니다. 기업이든 공공이든 이 3가지를 갖추는 데 더욱 힘써야 한다고 생각합니다.

이바 말처럼 간단한 문제는 아닌 것 같은데요, 어떻게 하면 이 3가지를 모두 실현할 수 있습니까?

가지와라 방법은 포기하지 않고 계속 고민하는 것뿐입니다. '포기하지 말고 끝까지 파고들어 끊임없이 고민하자!'고 저 자신에게는 물론이고 고객에게도 계속 제안하고 있습니다. 기획자로서 프로젝트를 디자인할 때 이 부분이 가장 중요하다고 믿고 있습니다.

이바 지금까지 작업하신 사례를 예로 들어 설명해주시겠습니까?

가지와라 호텔 안테룸 교토(이하 안테룸, 3부 '프로젝트 2' 참조)를 예로 들어보죠. 안테룸은 20년 넘은 학생기숙사를 용도변경해 호텔과 공동주택으로 구성한 새로운 형식의 아트호텔입니다.
　이 건물은 교토역에서 걸어서 갈 수 있는 거리에 위치해 있지만,

▲호텔 안테룸 교토. (위) '안테룸 바'는 예술품에 둘러싸여 특별한 시간을 즐길 수 있는 공간이다. 정기적으로 음악공연도 개최한다. (왼쪽) 호텔 프런트를 벗어나면 책을 읽거나 PC를 사용할 수 있는 라운지가 이어진다. (오른쪽) 레스토랑 '안테룸 밀스'의 아침메뉴는 투숙객은 물론 일반인도 이용할 수 있다.

기획에 착수했을 때만 해도 교토역 인근이라고 하기에는 너무 활기가 없었습니다. 사람들로 붐비는 지역은 교토역 북쪽이고, 이곳 남쪽은 역사적으로도 그다지 번영하지 못했으니까요.

그래서 저희는 '예술의 힘으로 지역을 활성화시키자'는 컨셉을 만들었습니다. '예술'이라는 요소를 적극적으로 반영함으로써 '재미있다'는 화제성이 생겼습니다. 디자인성도 한층 강해졌죠.

애초에 입지가 좋지 않았기 때문에 시가보다 싸게 건물을 임대할 수 있었습니다. 공사도 바닥과 천장의 마감재를 떼어내고 벽은 흰 페인트를 칠하는 정도로만 했죠. 이로써 사업성도 확보할 수 있었습니다. 또한 예술을 매개로 투숙객과 주민은 물론 이웃사람들끼리도 새롭게 이어져 지역이 활성화되었으니 사회성 면에서도 높은 평가를 받았습니다.

이바 그렇군요. 확실히 디자인성, 사업성, 사회성을 다 갖추고 있네요. 교토에 호텔을 하나 더 경영하고 계시죠?

가지와라 네. 호텔 칸라 교토(이하 칸라, 3부 '프로젝트 3' 참조)입니다. 안테룸보다 요금이 비싼 고급호텔이지만 원래는 입시학원 건물이었습니다. 건물주는 경제성을 감안해 가능하면 건물을 부수지 않고 수리해서 사용하고 싶어 했습니다. 아직 쓸 수 있는 건물을 부수고 새로 지으면 낭비인 데다 대량의 폐기물이 나오고 환경에도 좋지 않다는 이유였죠. 아울러 사회적으로 의미 있는 곳으로 만들어달라는 요청도 덧붙였습니다.

입지는 좋은 편이 아니었습니다. 바로 앞 도로는 폭이 4m밖에 안 되는 데다 건물 입구 정면에는 일반 가정집이 있었죠. 교토역에 걸어서 갈 수 있을 만큼 가깝긴 하지만 사무실이나 점포가 들어오기에는 주변 환경이 썰렁하고, 주택으로 용도를 바꾸더라도 높은 월세를 받을 수 없어서 채산성을 확보하기 힘들었습니다.

그렇다면 가장 나은 대안은 호텔이 아닐까 생각했습니다. 물론 호텔 자리로도 적격이라 할 수는 없죠. 게다가 신축이 아닌 리모델링이었기 때문에 창문 위치를 바꿀 수 없어서 폭이 좁고 긴, 55㎡ 정도의 큰 방으로 나눠야 했습니다. 방 면적은 고급호텔에 필적하지만, 입지나 방 모양은 고급호텔에 적합하지 않았습니다. 건물 입구는 반지하에 천장도 낮았고요. 그런 상태에서 저희에게 의뢰가 들어온 것입니다.

분명히 호텔로 만들기에는 상당히 힘든 조건입니다. 하지만 반대로 생각하면 시가보다 싸게 건물을 빌릴 수 있으니 오히려 기회이기도 했습니다. 제가 보통사람들과 조금 다른 부분은 아마도 이런 발상일 겁니다. 어려운 조건을 들으면 오히려 '재미있겠는데!' 하며 기회라고 생각합니다.

우선 좁은 길로 난 반지하의 건물 입구를 '숨어 있는 집'으로 해석했습니다. 55㎡의 좁고 긴 방에 전통적인 교마치야(京町家, 교토의 전통적인 가옥으로 폭 4~6m, 깊이 20m 정도의 2층 목조건물 형태가 일반적이다 —옮긴이) 이미지를 입혀서, 제약이 많은 건물 형태를 '특징'으

▲노송나무 향이 나는 욕실은 전실에 설치했다. 일반인도 이용할 수 있다.

▶객실 입구 앞 공간에는 고산수를 형상화한 정원을 배치했다.

◀로비 옆의 '더 키친 칸라'에서는 제철요리와 교야채(교토야채)를 사용한 식사를 제공한다.

로 역이용했습니다. 방 입구 쪽에 욕실과 화장실 등을 만들고 안쪽에 침대 두 개, 더 들어간 안쪽에는 약 $10m^2$ 넓이의 다다미방이 있는 구조입니다. 다다미방에 이부자리를 깔면 최대 5명까지 묵을 수 있습니다. $55m^2$의 방에 둘이서 여유롭게 묵을 수도 있고, 가족이나 친구들과 북적이며 즐겁게 보낼 수도 있습니다. 일행이 많을수록 숙박비도 올라가 수익성이 커집니다.

그리고 원래 교육시설이었던 점에 착안해, 사회적 의미가 있는 주제로 '교육'을 접목하자는 기조 하에 기획을 구체화했습니다. '교토' 하면 역시 수학여행 아닙니까. 일반적으로 수학여행의 숙박비는 1인당 7000엔 정도로, 5명이 묵으면 3만 5000엔입니다. 관광객이 별로 없는 비수기에 수학여행 학생을 유치한다면 방마다 3만 5000엔씩 수입이 생기니 사업성이 나쁘지 않습니다. 학생들에게 교토의 문화를 느낄 수 있게 해주고, 바른 식생활 교육이나 환경교육을 도입해 '수학여행을 바꾼다'는 사회적 의의를 창출함으로써 디자인성, 사업성, 사회성을 실현할 수 있었습니다.

UDS에서 기획하고 설계한 '키자니아 도쿄'(3부 '프로젝트 4' 참조)도 이 3가지를 겸비한 예입니다. 사실감 넘치는 거리를 구현하기 위해 세부까지 디자인에 정성을 쏟았습니다. 지금도 사람들이 줄서서 찾을 정도로 인기가 많아 사업성도 높고, 어린이들에게 직업의 즐거움을 전해준다는 사회적 의미도 뚜렷합니다.

사용하지 않게 된 독신자기숙사를 철거하지 않고 양로원으로 용도변경한 프로젝트(3부 '프로젝트 5' 참조)도 있군요. 병원 같은 느낌의 양로원이 아니라 '가정의 연장'이라는 컨셉으로 디자인하고, 건물을 부수지 않고 재이용함으로써 사업성은 물론 환경친화적인 면에서 사회성도 이루었습니다. 앞에서 소개한 조합식 공동주택도 마찬가지 경우입니다.

이바 흥미롭네요. 말씀하신 내용을 들어보니 디자인성, 사업성, 사회성'이라는 〈기획 철학〉을 실현하기 위해 〈아이디어 연결하기〉를 시도하시는군요. 〈실현 가능성〉도 철저히 고려하고 있고요.

이것 말고도 〈숨겨져 있던 욕구〉라는 패턴이 있습니다. 아직 직접적인 솔루션이 제공되지 않은 숨겨진 수요를 발굴한다는 내용인데, 실제로 어떻게 발견하나요?

가지와라 그 내용에 대해서는 '클라스카CLASKA'라는 프로젝트를 예로 들어 설명해드리겠습니다(3부 '프로젝트 6' 참조). 클라스카는 저희가 처음으로 작업한 디자인호텔입니다. 노후화된 호텔을 리노베이션해 사무실과 레지던스, 갤러리 등을 병설한, 당시로는 완전히 새로운 형태의 호텔이었죠.

약 20년 전부터 해외에서는 선진적인 디자인호텔이 등장하기 시작했습니다. 실제로 가보니 일본에도 이런 호텔이 있으면 좋겠다는 생각이 들더군요. 그런데 당시 일본에는 존재하지 않았기 때문에 수요가 있지만 공급이 없다는, 즉 수급의 균형이 깨져 있다는 점에 주목했습니다.

◀120㎡의 객실에는
탁 트인 테라스가 있다.

▶토라프(TORAFU) 건
축설계 사무소가 담당
한 'Template'의 벽면은
여행용 가방이나 드라
이어, 코트 등의 형태를
따서 디자인되었다.

이것을 어떻게 발견하느냐고요? 복잡하지 않습니다. '내가 원하는 것이 없다. 그렇다면 만들자'라는 감각이 있으면 됩니다. 이는 거꾸로 말하면 본인이 원하는 것이 무엇인지 항상 의식하고 있다는 뜻입니다. 저는 새해가 되면 제가 원하는 것들을 적는 〈철저한 리스트업〉 작업을 합니다. 원하는 것을 파악한 뒤에는 그것이 이미 존재하는지, 없다면 만들 수 있는지 여부를 알아봅니다. 앞으로 수요가 증가할지, 혹여나 조만간 공급이 쏟아져 경쟁이 치열해지지는 않을지도 함께 확인합니다.

이바 그렇군요. 자기 안의 감각적인 부분에서 숨겨진 수요를 발견하는군요. 디자인호텔 사례는 현지에 가본 경험에 〈나만의 색인〉을 붙여 활용한 셈이고요.

가지와라 이와 이어지는 패턴으로 〈평가를 위한 점수화〉가 있습니다. 저희가 식당사업을 검토했을 때 실제로 활용한 패턴입니다.

이바 아이디어를 많이 내놓고 〈철저한 리스트업〉 작업을 거쳐서, 그 가운데 무엇을 선택할지 결정하기 위해 다양한 관점에서 평가한다는 패턴이지요?

가지와라 네. 앞서 말씀드린 안테룸에는 병설된 학생기숙사가 있는데, 그곳 식당사업에 착수한 것이 계기였습니다. 학생들의 건강과 성장을 지원한다는 목적으로 현재 일본 전역에서 네 곳을 거점으로 '릴랙스식당'을 운영하고 있는데요. 당시 UDS의 신규사업으로 식당사업을 시작하는 게 타당한지 판단하기 위해, 먼저 식당사업 이외에 떠오르는 선택지를 하나하나 검토하기 시작했습니다. 여러 사업 아이디어를 내놓은 다음, 다양한 평가기준에 따라 각각의 점수를 매겨나갔습니다. 이를테면 'UDS의 기존사업과 시너지 효과가 나는가?', '장점을 살릴 수 있는가?', '성장이 기대되는 시장인가?', '이익이 상승하는 업종인가?' 같은 기준이었죠. 그렇게 검토해서 식당사업이 최종 결정되었습니다.

  점수화를 하면 좋은 점이 있습니다. 마음속에 있던 망설임이 사라진다는 것입니다. 점수화를 해보기 전에는 '식당사업을 독자적으로 하는 것은 나쁘지 않지만, 자칫 디자인호텔 사업을 해온 UDS의 이미지가 흐려지는 건 아닐까?'라는 막연한 걱정도 있었습니다. 하지만 디자인성, 사업성, 사회성이라는 〈기획 철학〉을 고려해 점수를 매겨보니 최고득점은 아니지만 상당히 높은 점수를 받았습니다. 숫자로 환산하는 과정에서 객관적으로 판단할 수 있기 때문에, 높은 평가가 나오면 그만큼 확신을 가질 수 있습니다. 또 그 자신감으로 경영진과 책임자, 담당자를 납득시켜 과감히 일에 착수할 수 있죠. 막연하게 '괜찮을 것 같다'는 것만으로는 설득할 수 없습니다. 점수로 치환하기 애매한 항목이 있어도 억지로라도 점수화해보세요. 도움이 될 겁니다.

▲학생기숙사에 있는 릴랙스식당은 매일 새로운 메뉴로 아침과 저녁식사를 제공한다.

▲바른 식생활 교육의 일환으로 지역의 생산자를 찾아 벼베기 체험을 실시하고 있다.

<u>이바</u> 중국에서 선술집 프로젝트도 진행하셨죠? 실제로 현지에 가서 알게 된 점이 있었습니까?

<u>가지와라</u> 중국인은 화려한 것을 좋아한다는 이미지가 강합니다. 그런데 화려함에도 다양한 종류가 있음을 알게 된 것이 큰 발견이었습니다. 사실 역사를 거슬러 올라가보면 선禪의 세계를 창조한 것은 중국인입니다. 그것을 진화시킨 것은 일본인일지 모르지만, 중국문화의 기저에는 그처럼 간소함을 소중히 여기는 성향도 존재합니다. 단순히 '중국인이니까 화려한 것을 좋아해! 붉은색을 좋아해! 금색을 좋아해!'라고 생각해서는 안 된다는 것을 알게 되었습니다. 그래서 하이난 섬에 문을 연 일본풍 선술집 '보트 레스토랑 와스이'는 처음 들어설 때에는 화려해 보이지만, 자리에 앉으면 식사에 집중할 수 있도록 간소하고 차분한 느낌으로 실내장식을 했습니다.

처음에는 저도 "중국이니까 붉은색을 좋아하지 않아요?"라고 현지인에게 물어봤죠. 그런데 "아니야. 붉은색이 상징으로 있는 것은 괜찮지만, 전체가 붉으면 우리에게도 맞지 않아"라고 대답하더군요. 확실히 축제나 축하할 때에는 중요한 색이지만, 일상생활에서는 붉은색이 크게 눈에 띄지 않습니다. 이런 점은 현지에 실제로 살아야 알아차릴 수 있는 부분입니다.

또 하나, 오늘날 중국에는 서구의 디자인을 '이문화異文化'로 동경하는 사람이 많습니다. 하지만 그런 것들이 들어와 어느 정도 소비되기 시작하면 자신들의 DNA나 감성에 맞지 않는다고 느끼는 사람도 나타나게 마련입니다. 서구의 디자인에 비해 일본의 문화와 디자인이 자신들과 가깝고 잘 맞는다고 느낄 수 있겠죠. 일본은 견수사遣隋使와 견당사(遣唐使, 일본이 중국 수나라와 당나라에 파견했던 공식 사절. 5~9세기 중국문화를 수입하는 주요 통로였다. ─ 옮긴이)의 시대부터 중국문화를 계승해왔으니까요. 제가 중국에서 생활한 5년 동안, 중국의 많은 디자인이 조금씩 단순한 방향으로 변화하며 성숙해지고 있다는 것을 체감하는 중입니다.

이바 그런 현지 이야기는 흥미롭네요. 〈직접 수집하기〉 그리고 〈현장 체감〉의 중요성을 새삼 느끼게 됩니다. 현지에서 실제로 겪어본다는 점에서는 〈구입해보기〉와도 일맥상통하는 것 같고요. '고객

▲보트 레스토랑 와스이. 바다를 주제로 한 보트형 이자카야로, 현지 분위기를 만끽할 수 있는 비일상적인 공간으로 연출했다.

의 눈으로 보는 것만으로는 부족하다. 실제로 구입해봐야 한다'는 것이 어떤 의미인지 실감이 됩니다.

가지와라 예를 들어 해외 리조트호텔을 견학할 때, 가능하면 회사 경비를 쓰지 않고 가족과 여행하는 중간에 가보곤 합니다. 물론 회사에 경비를 신청해도 되지만, 그러면 아무래도 마음가짐이 달라져서 업무의 일환으로만 조사하게 되더군요. 가족과 느긋하게 여행하면서 최종사용자의 입장에서 리조트호텔을 체험하지 않으면 본모습이나 세세한 서비스는 알 수 없습니다.

더욱이 영수증을 끊어 회사 비용으로 처리하면 금전적인 감각도 둔해집니다. 같은 호텔에 묵어도 제 돈이 나가면 '3만 8000엔은 너무 비싸군. 2만 엔짜리 방이면 충분해'라고 결정하고, 실제로 하룻밤 묵어본 뒤에 '2만 엔으로 이 정도 만족감이라면 이쪽이 훨씬 좋은데!'라는 감상을 얻을 수 있습니다. 회사일 하느라 쓴 제 개인 비용은 좋은 성과를 내서 연봉을 올려서 회수하면 됩니다(웃음).

패턴을 읽으면 예측할 수 있고, 바꿀 수 있다

이바 이제부터 소개할 프로젝트 디자인의 패턴 랭귀지는 32개의 패턴으로 구성되어 있으며, 각각의 패턴은 '상황-문제-해결-결과'의 흐름으로 설명돼 있습니다. 이것은 ① 어떤 상황에서 어떤 문제가 생기기 쉬운가, ② 그 문제를 해결하려면 어떻게 생각해야 하는가, ③ 해결하면 어떤 결과를 기대할 수 있는가 하는 3가지 관련성으로 성립됩니다.

기획자라면 아무래도 ②의 '문제'나 '해결' 부분에 관심이 집중되기 쉬울 텐데요. 물론 이 부분은 본인이 어떤 식으로든 직접 행동해야 하는 만큼 매우 중요합니다. 그러나 각 패턴이 설명하고자 하는 것은 그것만이 아니라는 점을 강조하고 싶습니다.

패턴에는 ① 어떤 '상황'에서 어떤 '문제'가 생기기 쉬운지가 담겨 있습니다. 이것을 알고 있으면, 비슷한 상황에 처했을 때 어떤 문제가 일어날지 예상할 수 있습니다. 또한 지금 자신이 문제 상황에 처했음을 알아차리는 데에도 도움이 되겠죠. 그리고 패턴에는 ③ '해결'하면 어떤 '결과'를 기대할 수 있는지도 적혀 있습니다. 내 행동에 대한 결과를 예상할 수 있다는 뜻입니다.

결론적으로 패턴 랭귀지는 무엇을 하면 되는지만이 아니라, 앞으로 어떤 일이 일어날 수 있는지 '미래 예측'을 가능하게 해줍니다. 패턴 랭귀지를 통해 미래를 예측하고 그 점을 고려해 행동할 수 있습니다. 이 책의 프로젝트 디자인 패턴도 그렇게 사용할 수 있도록 구성했습니다. 단순히 '이렇게 하면 좋아요'라는 조언보다는 유용할 것입니다. 프로젝트 디자인을 해본 적 없는 사람도 '그렇구나, 이 일은 이런 결과로 이어지는구나'라고 상상해볼 수 있습니다. 이 책의 프로젝트 디자인 패턴이 여러분에게 창조적 상상력을 선사하기를 기대합니다.

회사를 세우고 20여 년이 흘렀지만 지금도 언제나

디자인성, 사업성, 사회성의 기준을 모두 충족시키는지

자문자답을 거듭하며 새로운 기획을 구현하기 위해 노력하고 있습니다.

덕분에 시대와 환경, 고객과 프로젝트 종류에 좌우되지 않고

꾸준히 저 자신과 회사의 정체성을 반영한 기획을

만들어갈 수 있었다고 생각합니다.

여러분에게는 어떤 기획 철학이 있는지요?

2부

창조적 발상을 끌어내는
기획의 패턴 랭귀지 32

CORE

[기획자로서 가져야 할 철학]

CORE 기획 철학

기획을 업으로 삼고 있는 사람이라면 자기 나름의 '기획 철학'이 있어야 합니다. 새로운 프로젝트를 기획할 때, 기본에 충실하게 수없이 고민해도 좀처럼 '이거다!' 싶은 생각이 나지 않을 때가 있습니다. 이럴 때 사고의 기준이 되는 기획 철학이 필요합니다. '나는 어디에 가치를 두고 있으며' '무엇을 우선시해야 하는가?'라는 기준이지요. 기획 철학이 정립돼 있으면 어떤 프로젝트라도 흔들리지 않고 나다운 기획을 만들 수 있습니다.

저는 26세 때 다니던 회사를 그만두고 독립했습니다. 그때 가장 먼저 한 생각은 '어차피 일할 거라면 즐겁게 하고 싶다'였습니다. 그렇다면 나에게 '즐거운 일'은 무엇일까? 가만히 자문해보니, 관심 있는 분야에서 확실한 수익을 올리고, 고객을 기쁘게 하고, 나아가 사회에도 도움이 될 수 있는 일이었습니다. 저는 그런 일을 '즐거운 일'이라고 정의했습니다.

사업을 지속하려면 좋은 동료가 반드시 필요합니다. '즐거운 일'을 계속할 수 있다면 좋은 동료는 자연히 모여들 거라 생각했습니다. 그렇다면 어떻게 '즐거운 일'을 계속 만들어낼 수 있을까요? 새로운 기획을 구상할 때 반드시 '멋지고(디자인성)' '수익성 있고(사업성)·'의미 있게(사회성)'한다는 것을 제 기준으로 삼자고 굳게 다짐하며 회사를 시작했습니다.

건축을 비롯해 디자인 관련 업종에 종사하고 있는 이상, 결과물의 디자인은 두말할 것 없이 훌륭해야 합니다. 디자인이 훌륭하면 화제도 되고, 사람들을 끌어들이는 거점이 되어 결과적으로 지역사회에 새로운 가치를 낳기도 합니다. 그리고 한때의 유행이 아니라 존속할 수 있으려면 어느 만큼의 수익을 창출하는지, 다시 말해 '그것으로 돈을 벌 수 있는지'가 가장 중요합니다. 멋스러움의 추구도, 사회에 대한 공헌도 결국은 돈이 없으면 불가능합니다. '사업성'이 갖춰져야 비로소 '디자인성'도 '사회성'도 성립할 수 있습니다.

회사를 세우고 20여 년이 흘렀지만 지금도 언제나 디자인성, 사업성, 사회성의 기준을 모두 충족시키는지 자문자답을 거듭하며 새로운 기획을 구현하기 위해 노력하고 있습니다. 덕분에 시대와 환경, 고객과 프로젝트 종류에 좌우되지 않고 꾸준히 저 자신과 회사의 정체성을 반영한 기획을 만들어갈 수 있었다고 생각합니다. 여러분에게는 어떤 기획 철학이 있는지요?

CORE · No.1

기획 철학 Project-Design Principles

'멋지고, 수익성 있고, 의미 있는 것'
그렇게 나름의 기준을 세우다

상황 **기획자로서 가치를 창출하는 일에 종사하고 있다.**

문제 **저마다 조건과 제약이 제각각인 프로젝트들을 진행하다 보면, 기획에서 나만의 개성이 사라져버리는 경우가 있다.** 각각의 기획에는 저마다 다른 조건과 제약이 있다. 개중에는 성공하는 기획도 있다. 하지만 탁월한 기획자라도 항상 높은 수준을 유지하기란 쉽지 않다. 나아가 자신만의 개성이 담긴 기획을 꾸준히 제안하고 성공시키기는 더 어렵다. 하지만 내 기획에 나만의 개성이 빠져버린다면, 상대방이 내게 일을 의뢰할 이유가 있을까?

해결 **자신의 기획이 갖춰야 할 기준을 세우고, 모든 기획에서 그 기준에 따라 판단하고 구체화한다.** '기획은 이래야 한다'는 자신만의 본질적 요소를 확실히 정해서 기획을 판단하는 철학으로 삼는다. 예를 들어 '멋지고, 수익성 있고, 의미 있는 것'이라는 3가지 기준을 세워서, 이 기준을 충족시킬 수 있도록 끈기 있게 기획을 구축한다. 무엇을 철학으로 삼을지는 사람에 따라 다르다. 자신의 장점과 개성, 성공 경험 등을 바탕으로 구체화하자.

결과 **자신이 추구하는 가치를 담은 기획을 안정적으로 내놓을 수 있다.** 자신의 일에 자신의 세계관이 반영되고, 기획자로서의 정체성이 확립된다. 자신의 기획 철학을 꾸준히 구현하다 보면 어느 순간 다른 기획자는 흉내 낼 수 없는 나만의 가치를 제공할 수 있게 된다. 개성이 뚜렷한, 차별화된 기획자가 되는 것이다. 그렇게 되면 자연스레 내게 맞는 일, 내가 원하는 일이 찾아오게 된다.

LEARN

[기획의 소재는 정보에 있다]

LEARN 자신의 감각

기획에는 정보가 필요합니다. 당연한 말 같지만, 기획이 직업인 사람으로서 중요성을 절감하는 부분입니다. 감각과 번뜩이는 아이디어만으로 기획이 만들어진다면 멋지고 편하겠죠. 그러나 제게는 불가능한 일입니다. 천재라 불리는 유명 발명가들조차 철저하게 정보를 수집해서 꼼꼼하게 분석을 거듭한 다음, 극히 작은 변화를 더해 역사에 남는 대발명을 이루어냅니다.

기획의 첫걸음은 좋은 정보를 모으는 것입니다. 양질의 정보를 충분히 가지고 있지 않으면 좋은 기획을 완성할 수 없습니다.

그중에서도 특히 제가 신경 쓰는 부분은 '자신의 감각'으로 획득한 정보, '자신의 감각'으로 좋다고 판단한 정보를 최대한 많이 수집하는 것입니다.

저의 감각으로 완성한 첫 번째 기획은 '조합식 공동주택' 체계였습니다(3부 '프로젝트 1' 참조). 대학을 졸업하고 공동주택개발업체에 갓 입사했을 때 계기가 찾아왔습니다. 신입사원들은 모두 동일한 출발선에 서 있습니다. 아무런 지식도 경험도 기술력도 없으니까요. 그런 내가 회사에 도움 될 수 있는 부분은 무엇이고, 그러려면 어떤 장점을 발휘해야 하는지 진지하게 고민했습니다. 게다가 그때 저는 이미 3년 후에는 제 사업을 시작하기로 마음을 정한 상태였기 때문에 시간이 없었습니다. 3년이라는 짧은 기간에 회사에 공헌할 수 있는 방법을 고민하던 중, 〈철저한 리스트업〉을 하며 제 장점을 나열해보았습니다. 그 결과 저의 장점은 역설적으로 '경험, 지식, 기술력이 없는 것' 그 자체임을 깨달았죠. 이것만큼은 과장님이나 부장님, 임원에게도 지지 않을 자신(?)이 있었습니다. 달리 말하면 머릿속이 도화지처럼 깨끗하기 때문에 '최종사용자의 관점에서 대상을 볼 수 있다'는 장점이었습니다.

그러나 이 사정은 회사 동기들도 마찬가지 아니겠습니까. 공동주택을 방문해 최종사용자의 관점으로 둘러보는 것은 신입사원이면 누구나 할 수 있습니다. 그래서 저는 당시로서는 과감할 결정을 했습니다. 동기들 가운데 가장 먼저 공동주택을 구입하기로 한 것입니다. 최종사용자의 관점에 서는 것이 아니라 아예 최종사용자가 되는 것이죠. 입사 첫주부터 저는 주말마다 공동주택을 찾아다녔습니다. 단순한 견학이 아니라 구입을 염두에 둔 방문이었습니다.

마침내 그해 가을에 방 3개에 주방과 거실이 딸린 $60m^2$ 면적의 공동주택을 사들였습니다. 문제는 그다음이었어요. 저는 혼자 살

±

았기 때문에 방은 하나면 충분했습니다. 그래서 벽을 철거하고 싶었는데 그렇게 할 수 없다는 겁니다. 공동주택의 분양회사는 '원래 설계가 그래서' '건설회사 일괄발주 방식이라서'라는 말만 반복할 뿐, 주거자의 요구를 중요하게 여기지 않는다는 느낌을 받았습니다. 살다 보니 새로운 문제점도 눈에 띄었습니다. 같은 건물에서 생활하는데도 지나갈 때 인사는커녕 눈도 마주치지 않는 주민들이 있었습니다. 이런 공동주택에서 안심하고 아이를 키울 수 있을까? 진정한 공동체가 필요하다… 그리고 실제 생활에는 필요 없는 모델하우스나 광고비 등의 판매비용이 포함돼 집값만 올라간다… 개인 차원의 불만에 점점 사회 차원의 문제점도 눈에 보이기 시작했습니다.

마침내 3년 후, 회사를 그만두고 제 회사를 설립했습니다. 그리고 공동주택 구입을 희망하는 사람들을 모아서 건설조합을 만들고, 공동으로 토지를 구입하고 설계해서 직접 건설사에 공사를 발주하는 '조합식 공동주택' 제도를 기획해서 사업화에 착수했습니다. 이 기획은 단순히 '최종사용자의 관점'에 서서만 생각했다면 실현할 수 없었을 겁니다. 철저하게 '최종사용자가 되어' 내 문제로 삼음으로

```

                                                           »

```

써 사람들이 정말로 원하는 것과 사회적으로 필요한 것이 무엇인
지 알 수 있었습니다.

　기획을 위한 정보를 수집할 때 우리는 으레 인터넷에 접속해 대
량의 정보에서 적절한 정보를 빠르게 분류합니다. 그러나 인터넷
정보는 표면적인 데다 작성자의 주관이 꽤 반영돼 있어 편향된 내
용이 많아 본질적인 수준까지 접근하기는 어려운 경우가 대부분입
니다. 많은 정보 중에서 참고가 될 법한 것들을 선택해, 발로 뛰며
현장을 방문해서 관계자에게 직접 이야기를 듣는 수밖에 없습니
다. 이때 주변 환경과 배경에도 세심하게 신경을 써야 하겠고요.

　감각은 본인이 능동적으로 움직여서 손에 넣은 정보에서 특히 힘
을 발휘합니다. 따라서 사물을 판단하기 위해 우선은 적극적으로
행동하며 자신의 감각을 갈고 닦을 필요가 있습니다.

진짜 소비자 되기 Become a Real Customer

돈을 써서 직접 구매자가 되었을 때
비로소 알게 되는 것이 있다.

상황 우리 서비스의 소비자에게
어떤 니즈가 있는지 알고 싶다.

문제 **소비자가 실제로 느끼는 감정이나 문제를 파악하지 못한 채 기획자
의 시선으로 '고객상(像)'을 만들어놓고는 소비자 니즈를 알고 있다고
착각하는 경우가 있다.** 소비자가 느끼는 감정을 기획자 입장에서 상상하기란 쉽
지 않다. 어떤 서비스를 원하는지 조사할 수도 있지만, 소비자 본인도 정확한 답
을 모르는 경우도 있지 않은가. 설령 대답을 듣는다 해도 그것이 도출된 배경과
기저의 인식까지 파악하기는 힘들다. 이렇게 해서는 반드시 해결해야 할 문제를
놓치기 쉽다.

해결 **소비자와 똑같이 행동해본다.** 자비를 들여 서비스를 실제로 경험해보
고 사용자의 관점과 기분, 불만과 문제점을 자신의 경험으로 체득한다.
사용자의 심정을 조사와 추측으로 알려 하지 말고 스스로 소비자가 되어 체험함으
로써 고객의 불만이 무엇인지, 어느 정도인지 직접 느껴본다. 예컨대 호텔에 대해
알고 싶다면, 자기 돈을 내고 투숙하면서 가장 생생한 감각을 얻을 수 있다.

결과 **사용자의 마음으로 서비스의 과제와 가능성 등을 파악하고 기획에
반영해 양질의 서비스를 제공할 수 있다.** 이처럼 의식적으로 소비자의
감각을 경험하다 보면 몸 안에 사용자의 감각을 축적할 수 있고 기획에 반영할 수
있는 힘도 커진다. 단, 본인의 느낌에만 의지하지 말고 다른 사용자의 목소리에 진
지하게 귀 기울이는 데에도 힘을 쓰자.

직접 수집하기 Direct Sourcing

현장에서만 얻을 수 있는 정보가 있다.

새로운 기획을 위해 정보를 수집중이다.

문제 **누군가 제공해주는 2차 정보만 검토하면, 편향된 관점과 정보에 기대어 판단할 우려가 있다.** 어디선가 들은 이야기나 인터넷에서 조사한 정보는 누군가가 사실의 일부를 해석해 재단한 것이다. 그 사람은 내 기획에 필요한 관점에서 현장을 본 것이 아니므로 내가 필요로 하는 정보를 다 담았을 리 없다. 2차 정보에 기획에 필요한 정보가 누락되기 쉬운 이유다.

해결 **직접 현장을 찾아서 그곳에서 얻은 1차 정보를 근거로 판단한다.** 현장에서만 얻을 수 있는 정보를 직접 손에 넣고, 이를 바탕으로 기획하라. 한 번이 아니라 여러 차례 현장을 찾아 주변 사람들과 친해지거나 지역의 특색을 수집하면서, 나만을 위한 살아 있는 정보를 손에 넣도록 노력한다.

결과 **현장의 환경과 분위기, 그곳에서 생활하는 사람들의 사고방식과 언행 등, 인터넷이나 잡지에서는 얻을 수 없는 현실적이고 상세한 정보를 바탕으로 기획할 수 있다.** 나만의 1차 정보를 손에 넣으면 다른 사람은 만들수 없는 독자적인 기획을 세울 수 있다. 또한 나만의 개성을 더할 수 있고, 다른 이의 견해에 좌우되지 않고 자신감 있게 기획을 진행할 수 있다.

현장 체감 On-The-Spot Feeling

현장에 서서 자신의 오감으로 느껴본다.

기획을 위한 정보를 모으는 중이다.

문제 **타인의 정보에 의지한 기획은 현장에 맞지 않는 탁상공론이 될 위험이 있다.** 2차 정보는 물론이고 현장 사람에게서 얻은 1차 정보도 어디까지나 타인의 인식에 입각한 정보일 뿐이다. 현장은 방대한 정보와 가능성으로 가득 찬 세계다. 언제나 다양한 해석의 여지가 존재한다.

해결 **현장에서 자신의 오감으로 느낀 정보를 소중히 여기고, 이를 기획에 사용한다.** 현장을 찾았을 때 접하게 되는 소리와 분위기, 냄새, 주위와 조화를 이루는 방식 등, 현장 전체에서 느껴지는 모든 것들이 기획의 중요 요소다. 당신은 축적된 기획 경험이 있는 전문가다. 그 관점과 지식을 토대로 오감으로 전해지는 느낌에 대해 생각하고 이해를 심화시킴으로써 당신만이 느낄 수 있는 정보를 얻자. 현장에서 느낀 두근거림과 흥분, 새로운 발견과 감동을 기획에 반영하자.

결과 **이렇게 수집한 정보와 감각을 반영하면 현장에 밀착되는 동시에 나만의 개성이 반영된 기획을 만들 수 있다.** 오감으로 느끼면서 체감했기에 나중에 또 다른 기획의 정보로 활용하기도 쉽다.

LEARN 정리와 편집

　정보는 일상에 가득합니다. 카페에 갔을 때 점원의 반응도, 가족과 함께 간 레스토랑의 상차림도, 장안의 화제가 된 행사도 모두 정보의 원천이 될 수 있습니다.

　그러나 자투리 정보가 아무리 많아도 기획에 직결시키기는 좀처럼 쉽지 않습니다.

　정보를 기획으로 연결하려면 정보의 표면에 머물지 말고 배경을 생각하는 습관이 무엇보다 중요합니다. 언제나 '지금 진행중인 프로젝트에 활용할 수 있을까?'라는 점을 의식하며 정보의 배경을 다각도로 파고들어 분석해야 합니다. 그렇게 하면 정보의 폭과 깊이가 확장되는 것은 물론 질이 향상돼 짧은 시간에 기획에 활용할 수 있는 아이디어로까지 진화하게 됩니다. 예를 들어 '우연히 들어간 카페에 빈자리가 없다'는 정보가 있다고 합시다. 여기에 그치지 말고 배경을 분석해봅니다. '이토록 인기 있는 이유는 무엇일까?' '매상과 이익은 어느 정도일까?' '만약 내가 카페를 기획한다면 어떤 카페로 만들까?' 이렇게 한 단계 더 들어가는 습관을 들이는 것입니다.

　물론 이렇게 생각을 밀어붙여 아이디어가 나온다 해서 다 실행할 수 있는 건 아니죠. 아무리 아이디어가 좋아도 다른 조건이 맞지 않으면 눈앞의 프로젝트에 활용할 수 없습니다. 그렇더라도 저는 흥미로운 정보는 마지막 단계까지 생각해봅니다. 깊은 사고를 통해 정리한 사례는 머리에 남아, 다음에 새로운 기획을 할 때 뜻밖의 도움이 됩니다.

　정보를 얻어 사고를 거듭하다 보면 자연히 머릿속 서랍이 늘어납니다. 서랍이 복잡해질수록 분류방법, 말하자면 '색인 방법'이 중요해집니다. 단순하게 '호텔', '카페'라는 식으로 분류하면 '양로원'을 기획할 때는 그 서랍을 열어보지 않겠죠. 그러나 감성이나 느낌으로 분류해보면 어떨까요? 예컨대 '차분함', '편안함', '약동감', '초록'으로 분류해두면, 훨씬 다양한 사례에서 그 서랍의 정보를 활용하게 될 겁니다.

　제한을 두지 않고 정보를 모으기 위해 일부러 색인을 붙이지 않고 무작위로 보관하는 것도 서랍 활용의 한 가지 방법입니다. 그리고는 무작위 상태에서 억지로 아이디어를 끄집어내는 것이죠. 예를 들어 호텔을 기획할 때, 과거에 보관해둔 '옥상 수영장' 정보를 꺼

내서 호텔에 활용할 수 있는 아이디어를 떠올려봅니다. 호텔에 수영장을 설치하지는 못하더라도, 입구 양쪽으로 얕게 물을 담은 수반을 배치하면 멋지겠다는 발상을 할 수 있습니다. 저는 이런 방식도 유익하다고 생각합니다.

일전에 가족과 뉴욕 여행을 했을 때 잡지에서 봐두었던 호텔을 둘러본 적이 있습니다. 예술가들이 거주하면서 창작활동을 하는, 당시로는 참신한 컨셉의 호텔이었습니다. 현지를 직접 방문해보니 잡지에서 느낄 수 없었던 활기는 물론, 결코 좋다고 할 수 없는 입지조건과 건물의 허름함도 한눈에 들어오더군요. 이를 종합해 '기존의 호텔사업으로 성공하기 힘든 조건 때문에 독특한 컨셉의 호텔이 탄생한 것일까?'라는 추측도 해볼 수 있었습니다.

나중에 그 호텔을 참조해 도쿄 도심에서 호텔과 공동주택을 결합한 복합시설 기획을 정리해보기도 했지만, 그곳에서는 채산성이 맞지 않아 결국 단념했습니다. 그러나 이때의 아이디어를 철저하게 검증하고 사업수지까지 확실히 세워놓았기 때문에, 훗날 '클라스카'를 기획할 때 바로 적용할 수 있었습니다(3부 '프로젝트 6' 참조). '호텔과 주택의 복합형도 이런 조건이라면 사업성이 충족된다'는

단계까지 체계화해서 '정보의 서랍'에 넣어두었기에, 정보를 기획
으로 연결해서 일을 빠르게 진행할 수 있었습니다.

우연 활용하기Chance Taker

지금 알게 된 흥미로운 이것을
어떻게 프로젝트에 활용할 수 있을까?

상황 진행 중인 프로젝트와는 무관하지만
흥미로운 체험이나 정보를 우연히 접했다.

문제 프로젝트와 당장 관련 없다는 이유로 흥미로운 체험이나 정보를 잘
라버리면, 기획의 질을 향상시킬 기회를 놓치게 된다. 흔히 기술혁신
은 '새로운 결합'이라 한다. 얼핏 관련 없어 보이는 것들이 조합돼 기존에 없던 새
로운 발상의 기획이 탄생하는 경우가 있다. 일상에서 흥미롭다고 느낀 감각을 프
로젝트와 별개의 것으로 치부해버리거나, 막연히 '언젠가 활용하고 싶다'고만 생
각하고 있는가? 일상의 흐름 속에서 그 감각과 기억은 희미해지고, 결코 활용될
수 없을 것이다.

해결 흥미롭다고 느끼면 '지금 당장 프로젝트에 활용할 수 없을까?'라고
적극적으로 궁리해본다. 24시간 언제라도 흥미로운 일을 발견할 수 있
다고 생각하고 프로젝트와 연결할 수 있도록 마음의 준비를 해둔다. 실제로 그런
체험을 하거나 정보를 접하면 흥미롭게 느낀 이유를 파악하고 추진중인 프로젝
트에 활용할 방법을 궁리해본다. 만약 당장 적용하기 여의치 않다면 어떤 프로젝
트라면 활용할 수 있을지 생각해서 짤막하게 기록해둔다.

결과 일상에서 얻은 자극을 프로젝트에 효과적으로 활용할 수 있다. 또한
그것을 실현하기 위해 새로운 동료와 함께 일하면서 활동의 폭이 넓어
지기도 한다. 무엇보다 평소 다양한 요소를 관련지어 생각하는 습관이 붙어, 우연
히 접한 좋은 정보와 기획의 접점을 찾는 힘을 기를 수 있다.

나만의 색인 Personal Stock of Resources

발상의 씨앗은 당장 사용할 수 있는
형태로 보관해둔다.

상황 평소에도 의식적으로 정보를 수집한다.

문제 많은 것을 보고 듣고 있지만 막상 기획에 적절히 활용하지 못한다.
정보의 의미를 깊이 생각하지 않고 쌓아두기만 하면 막연히 정보를 기억하는 수준에 머무르고 만다. 그렇게 되면 막상 기획할 때 축적한 기억 중에서 어떤 정보가 이번 기획과 관련 있는지, 어떤 사례가 참고가 되는지 찾아내지 못하고, 모아둔 정보를 자신의 무기로 활용할 수 없다.

해결 획득한 정보를 자신의 기준과 관점으로 해석해 '발상의 씨앗'으로 꺼낼 수 있는 형태로 저장한다. 예를 들어 컴퓨터에 사진을 저장할 때 자신만의 색인을 붙여 분류하지 않는가? 이때 '소재'나 '음식' 같은 일반적 분류가 아니라 '매력적인 공간', '써보고 싶은 기술'처럼 자신의 발상과 연결 짓기 쉬운 형태로 색인을 붙이는 것이다. 지나치게 꼼꼼하게 분류하기보다는 다소 잡다한 느낌으로 보관하는 편이 발상을 자극한다.

결과 자신의 흥미, 관심, 영감을 자극하는 정보를 발상의 재료로 사용할 수 있다. 또한 아이디어를 구상할 때에는 일부러 관련 없는 색인을 살펴보면서 반강제로 아이디어를 떠올려보는 방법도 유용하다. 일반적이지 않은 연결법으로 정보를 축적하다 보면 자연스레 자신만의 관점으로 생각할 가능성도 높아진다.

가(假)기획 Proto-Planning

실제로 만들어보면
무엇이 부족한지 알 수 있다.

상황 **좋은 아이디어가 떠올랐다.**

문제 **아이디어를 떠오른 그 상태로 내버려두는 한 그것을 활용할 기회는 좀처럼 오지 않는다.** 아무리 좋은 아이디어라도 그 자체로 좋은 기획은 아니며, 그대로는 당장 사용할 수도 없다. 활용하지 않는 기억은 쉽게 희미해지고, 새롭게 생기는 다양한 아이디어에 밀려나 사라지기 십상이다. 잊어버리지 않도록 아이디어를 기록한다 해도, 아이디어 상태 그대로 적어두기만 하면 본질적으로 똑같은 문제가 발생한다.

해결 **아이디어를 반영한 가(假)기획안을 만들어보자.** 전체적으로 어떤 요소가 추가되어야 기획의 완성도와 매력이 높아질지 확인해본다. 기획 내용과 함께 가상의 사업성까지 판단해보면 부족한 요소와 필요한 조건이 좀 더 명확해질 것이다.

결과 **실제로 기획을 해보면 전체적인 그림이 그려지는 것은 물론 부족한 부분도 파악할 수 있어서 실현을 향해 한 걸음 더 나아갈 수 있다.** 해당 아이디어를 활용하려면 무엇이 더 필요한지 명확해지므로 적절한 기회가 찾아오면 바로 뛰어들어 아이디어를 유용하게 쓸 수 있다. 물론 기회를 기다리기만 할 게 아니라 아이디어를 실현할 기회를 능동적으로 찾아나서는 것도 좋다.

LEARN 타인에게 배우기

　좋은 기획을 하려면 많이 기획해봐야 합니다. 하지만 경험은 단기간에 늘지 않는 데다, 기획할 기회가 종종 주어지는 것도 아니죠. 그래서 다른 사람의 기획을 자신의 경험칙으로 받아들이는 노력이 필요합니다.

　먼저 적극적으로 기획 사례를 보러 다닙시다! 제가 사례를 보러 가기 전에 빼놓지 않고 하는 일은 '최대한 예상하기'입니다. 인터넷으로 가볍게 사전조사를 한 다음 실제로는 어떨지 구체적으로 예상해봅니다. 견학하러 이동하면서 '여기는 이렇게 돼 있을 거야', '이 조건이라면 이렇게 했을 거야'라고 혼자 생각해보는 것이죠. 물론 실제로 보면 제가 예상한 것과 당연히 차이가 있습니다. 그 차이에 대해 '왜?'라고 의문을 품는 것이 중요합니다. '왜?'를 발견해서 철저히 파헤치면 기획의 돌파구를 찾을 수도 있습니다.

　아울러 실패 경험을 쌓는 것도 반드시 필요합니다. 그러나 실패하고 싶어 하는 사람은 아무도 없죠. 그러니 다른 사람의 실패를 유사 체험하여 학습하도록 합시다. 흔히 '반면교사'라 하지 않습니까? 세상의 평가가 좋지 않은 사례나, 개인적으로 매력을 느끼지 못하는 사례야말로 배움의 보고寶庫입니다. 실패한 이유와 원인을 추구하고 분석하면 자신의 경험칙을 확실하게 높일 수 있습니다.

좋은 기획을 하려면 넓은 시야를 가지고 많은 정보를 활용해서 사고해야 합니다. 다른 기획자와 똑같은 양의 정보를 가지고는 두드러지는 기획을 내놓기 어렵습니다. 자신 있는 분야의 정보가 마르지 않게 하고, 그렇지 않은 분야도 보급을 게을리하지 말고 의식적으로 정보의 폭을 넓히는 것이 중요합니다. 예를 들어 저는 젊었을 때 여성 월간지를 일부러 챙겨 봤습니다. 저와는 접점이 거의 없는 사람들이 주요 독자층이라서 제게 가장 부족해지기 쉬운 정보라고 생각했기 때문입니다.

조금만 의식적으로 시선을 넓히면 생각지 못했던 새로운 정보와 만날 수 있습니다. 신선한 정보와 지식을 손에 넣으면 새로운 감성을 갈고닦을 수 있습니다. 그렇게 얻은 다양한 정보를 나만의 세계관으로 융합함으로써 다른 기획자와는 확연히 차별화된, 반짝이는 기획을 만들어낼 수 있습니다.

예상과의 차이 Imagination Gap

자기 나름대로 상상하고 확인해본다.
그것만으로 발견이 많아지고 깊어진다.

상황 **다른 사람의 기획 사례를 보러 간다.**

문제 단순히 대상을 직접 보는 수준에 머물거나, 사전에 조사한 내용을 확인하는 정도로는 자신을 성장시킬 수 없다. 아무 정보도 없이 현장을 찾으면 눈에 보이는 것 위주로만 평가하기 쉽다. 반대로 지나치게 철저히 조사한 경우는 사전정보를 직접 확인하는 데 만족하기 십상이다. 이런 식으로는 사례 자체에 대한 관찰 및 고찰의 의미가 있을 뿐, 자기 자신이나 자신의 프로젝트에 활용하는 능력은 키울 수 없다.

해결 자신이라면 그 대상을 어떻게 만들지 상상해보고, 상상과 실제의 차이에서 새로운 깨달음을 얻는다. 현장에 가기 전에 미리 어느 정도 정보를 모은 다음, 나라면 어떻게 만들지 상상해본다. 목적지로 가면서 상상을 키워보는 것도 좋은 방법이다. 현장에서는 본인의 상상과 실물의 차이를 확인하며 '왜 이렇게 만들었을까?', '이렇게 만드는 편이 더 좋지 않았을까?'라고 적극적으로 검토해본다. 그 과정에서 자신의 사고를 돌아보고, 미처 몰랐던 타인의 발상법을 배워 성장의 양식으로 삼는다.

결과 다른 사람의 기획물을 보며 배우고 깨닫는 경우가 많아지고, 〈나만의 색인〉도 풍성해진다. 미리 여러 가지를 상상한 뒤에 살펴보면, 다른 사람의 사례에 능동적으로 참여하는 자세와 습관도 기를 수 있다. 또한 사물을 보는 독자적인 관점도 확장되므로 기획할 때 도움이 된다.

실패사례 연구 Studying Not-So-Good Cases

남의 실패는 내 성공의 원천.

상황 **매력 없는 서비스나 공간이 눈에 띄었다.**

문제 **실패한 사례라 해서 살펴볼 가치도 없다고 여기면 그것을 통해 배울 기회를 놓쳐버린다.** 실패하려고 기획하는 사람은 없다. 성공하지 못한 사례에는 반드시 그럴 만한 이유가 있다. 그것을 알지 못하면 나도 똑같은 실패를 할 수 있다.

해결 **평판이 나쁘거나 매력적이지 않은 기획도 신경 써서 꼼꼼히 살펴보고, 그런 결과를 초래한 원인을 분석하고 학습한다.** 사람들이 실패했다고 평가하는 사례도 적극적으로 보러 가서 어디가 나쁜지, 왜 그렇게 되었는지 생각해본다. 실패에 이르게 된 논리를 나름대로 찾아내, 똑같은 실수를 하지 않으려면 어떻게 해야 할지 생각해본다.

결과 **실패를 낳은 원인이나 논리를 교훈으로 축적하면, 같은 실수를 저지르기 전에 미리 알아차리고 실패를 방지할 수 있다.** 실패사례라고 대충 찾아보고 버리지 말고 배움의 보고(寶庫)라는 마음으로 대하면 얼마든지 성장의 밑거름으로 삼을 수 있다.

정보의 균형Nutritious Information

균형 잡힌 정보 섭취를.

상황 기획자로서 지식과 정보 수집에 신경 쓰고 있다.

문제 **흘러들어오는 정보만 수동적으로 접하다 보면 한쪽에 치우친 정보만 쌓여 새로운 관점의 기획을 할 수 없다.** 누구나 관심 분야가 한정돼 있기 때문에 폭넓게 살펴본다고 해도 접하는 범위는 제한될 수밖에 없고, 사고와 시야에도 쏠림현상이 나타난다. 아무리 전문가 수준의 지식을 가지고 있어도 편향된 지식으로는 차별화된 기획을 만들 수 없다.

해결 **본인이 가지고 있는 정보가 얼마나 편향돼 있는지 의식하면서 부족한 분야의 정보를 얻기 위해 노력한다.** 대화를 나누다 모르는 주제가 나올 때가 좋은 기회다. 또는 나와 무관하다고 생각하는 잡지를 일부러 읽으며 그쪽 세계를 접하는 것도 좋다. 짬이 나면 서점에 들러 새로운 정보를 얻는 습관을 들인다. 몸의 영양균형을 유지하는 것처럼 자신에게 부족한 정보를 신경 쓰면서, 한쪽으로 정보가 치우치지 않도록 계속 노력한다.

결과 **폭넓은 시야를 바탕으로 독자적인 기획을 할 수 있다.** 또한 시야가 넓을수록 예상하지 못한 정보를 접했을 때 진가를 알아차릴 가능성도 크기에 〈우연 활용하기〉도 할 수 있다. 고객 입장에서도 폭넓고 균형 잡힌 지식을 갖춘 기획자라면 안심하고 일을 맡길 수 있다.

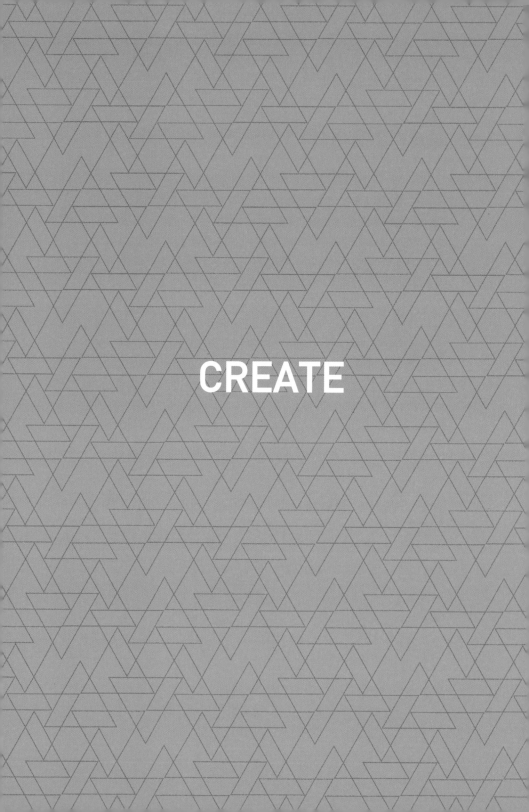

CREATE

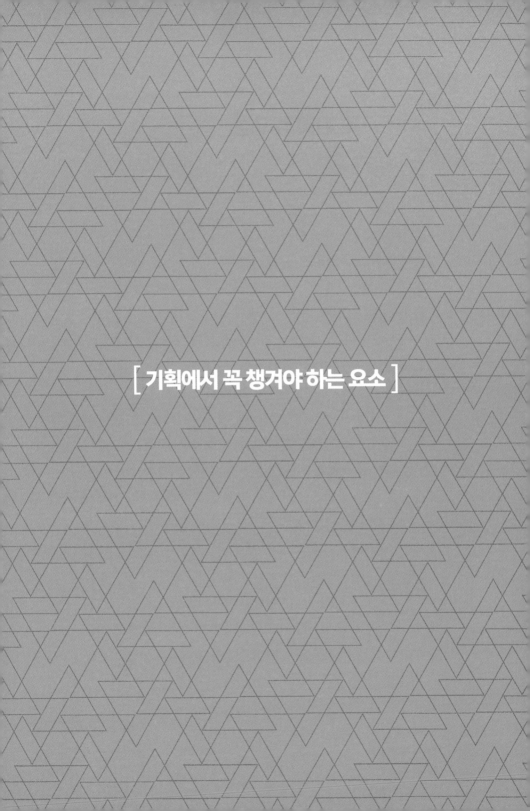

[기획에서 꼭 챙겨야 하는 요소]

CREATE 기획의 요점

　기획의 요점을 단적으로 설명하면 '수급의 균형이 무너진 지점'을 발견하는 것입니다. 클라스카도 수급의 균형을 감안해 대상을 적절하게 설정했기에 성공할 수 있었습니다(3부 '프로젝트 6' 참조).

　클라스카는 '교통이 불편한 주택가'라는 불리한 입지조건을 극복하지 못하고 파산한 호텔을 리노베이션하는 프로젝트였습니다. 그런데 분석하는 과정에서 예술가를 비롯해 라이프스타일을 중요하게 여기는 사람들이 공동주택을 종종 사무실로 사용한다는 사실을 알게 되었습니다. '만약 호텔 안에 내 사무실이 생긴다면?' 이 가정은 '호텔×공동주택'이라는 답을 도출하는 계기가 되었습니다. '임대공동주택에 대한 니즈'를 한층 더 세분화해서 '사무실 이용에 대한 니즈'를 발견한 것이 결정적이었습니다. 수요를 파악해 공급과의 간극을 발견한 것은 숨겨진 수요의 발견이자 기획을 성공시키는 열쇠가 되었습니다.

　기획은 고객의 니즈를 충족시켜야 하며, 동시에 '그 땅에 맞아야' 합니다. 모든 대상에는 저마다의 역사가 있습니다. 그 역사를 바탕으로 기획해야 합니다. 지역에 어울리지 않는 생뚱맞은 것이 들어오면 사람들이 받아들이기 힘들어합니다. 섞이지 못하죠. 반대로 지역의 역사에 바탕을 두고 기획하면 지역의 특성을 살리고 새로운 매력을 창출하는 기획이 나올 수 있습니다.

예를 들어 요요기 빌리지를 기획할 때 저희는 '녹음綠陰'과 '자연'에 주목했습니다(3부 '프로젝트 7' 참조). 주변에 메이지신궁과 요요기공원 등이 있는 이곳은 역사적으로 '녹음을 사랑하는 사람들이 모이는 장소'였습니다. 여기에 착안해 요요기 빌리지에 '녹음이 가득한 자연 속에 창조적인 사람들이 모이는 장소'라는 이미지를 부여해 독자적이고 새로운 가치를 창출하고, 동시에 요요기의 역사와 지역에 잘 녹아드는 기획으로 완성했습니다.

더러는 다양한 방향성이 담긴 아이디어를 여럿 연결하다 보면 새로운 개념과 가치가 태어나고 기획에 큰 매력이 생기기도 합니다. 클라스카를 추진할 때에도 '리노베이션을 통한 환경보전', '지역 공동체와의 조화', '현대일본 디자인', '호텔×공동주택' 등 다양한 아이디어를 연결하며 기획을 꾸준히 다듬었습니다. 각각은 혁신적인 아이디어가 아닐지 모르지만, 연결하며 의견을 나누는 과정에서 상호작용이 일어남으로써 다양한 가능성을 지닌 독자적인 기획을 세상에 내놓을 수 있습니다.

숨겨져 있던 욕구 Undiscovered Wants

새로운 가치는 그곳에서 태어난다.

상황 기획 컨셉을 구상중이다.

문제 **이미 충족된 니즈에 부응하는 서비스로는 새로운 가치를 제공하기 어려운 데다 출혈경쟁에 휩쓸리기 쉽다.** 컨셉을 구상하다 보면 기존 제품이나 서비스에 영향 받은 아이디어가 나올 가능성이 높다. 그러나 이런 기획으로 새로운 가치를 창출하기란 하늘의 별 따기다. 경쟁이 치열할수록 규모가 큰 경쟁자에 밀릴 가능성이 크다.

해결 **아직 직접적인 서비스가 제공되지 않은 숨겨진 수요를 대상으로 서비스를 고안한다.** 제약조건과 입지 등 기획의 도입여건이나 대상고객의 생활패턴을 단서로 고객의 니즈를 조사해 기존 서비스가 아직 충족시키지 못한 수요를 찾아낸다. 누가 어떤 니즈를 가지고 있으며, 기획해야 할 '그곳'에는 어떤 특성이 숨어 있는지 〈직접 수집하기〉 또는 〈현장 체감〉을 통해 직접 조사해보자. 아무도 발견하지 못한 니즈를 찾을 수 있을 것이다.

결과 **니즈는 분명히 존재했지만 아무도 선점하지 못한 가치를 제공해줄 수 있는 '수요 공급의 균형이 무너진 지점'을 발견하게 된다.** 새로운 수요에 부응하는 서비스라면 주위와 경쟁할 필요도 없고, 오직 니즈와 정면승부하는 기획을 만들 수 있다. 그러나 장기적으로 볼 때 경쟁 서비스가 출현할 가능성을 배제할 수 없으므로 시장상황과 수급균형이 변한다는 〈미래 반영〉을 통해 독자적인 콘텐츠와 체계를 만드는 데에도 공을 들여야 한다.

묻혀 있던 잠재력 Forgotten Potentials

어떤 장소로 만들기 원하는가?

상황 **기획할 곳이 결정되었다.**

문제 **해당 장소의 특성이나 역사와 맞지 않은 채 '새롭기만 한 것'은 장소와 융화하지 못한다.** 기획 대상인 장소는 진공 속에 존재하는 것이 아니라 주위와의 관계 속에 존재한다. 또한 모든 장소에는 역사가 깃들어 있다. 이러한 특성이나 역사와 공존하지 못하는 기획은 진정한 가치를 창출할 수 없다. 그렇다고 이것에 지나치게 연연하면 지금까지와 비슷한 것밖에 만들어내지 못한다.

해결 **장소의 특성과 역사를 조사해 조명되지 못한 강점을 발굴하고, 이를 바탕으로 새로운 가치를 만든다.** 어떤 부침을 겪었는지 해당 장소의 역사를 살펴보고, 그중 오늘날 주목받지 못하는 특성이 있는지 파악한다. 이것을 잘 골라내 활용하면 기존과 다르면서도 장소에 부합하는 독특한 가치를 만들 수 있다.

결과 **장소의 잠재력을 살린 독자적인 기획을 만들어, 융화와 새로운 가치 창출이라는 두 마리 토끼를 모두 잡을 수 있다.** 지역 차원에서도 그 공간을 환영하고 소중히 여길 것이다. 그렇게 지역의 새로운 역사를 만들어갈 수 있다.

아이디어 연결하기Idea Coupling

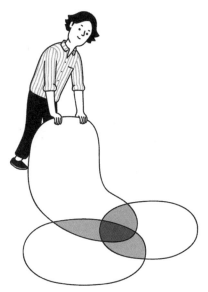

새로움을 만들어내는 것은
새로움 그 자체만이 아니다.

상황 **기획의 가치와 컨셉을 구상중이다.**

문제 **한 가지 방향성만으로는 기획의 가치를 극대화하기 어려울뿐더러, 독창성이 떨어져 경쟁자와의 차별화도 기대하기 힘들다.** 주요 컨셉을 결정해서 기획을 다듬을 때 한 가지 관점으로만 접근하는가? 그래서는 기획에 강한 매력을 담기 힘들고, 이미 어딘가에 존재하는 다른 서비스와 비슷해지기 쉽다.

해결 **서로 다른 방향의 아이디어를 연결해서 독자적인 가치를 만들어낸다.** 예를 들어 단순한 호텔이 아니라 '서비스×공동주택 또는 갤러리'와 '서비스×사무실' 등을 섞어서 '크리에이터가 모이는 장소'라는 개념을 만드는 것이다. 어떤 것들을 연결해야 기존에 없던 가치를 만들어낼 수 있을지 다각도로 모색해본다.

결과 **다양한 가능성을 내포한, 독자성과 깊이를 갖춘 기획을 만들 수 있다.** 여러 요소를 연결해 하나의 기획으로 완성하는 역량이 있으면 자신만의 기획을 꾸준히 만들 수 있으니 기획에 대한 애착도 더욱 커진다. 또한 여러 요소를 연결한 만큼 제공하는 가치의 폭이 확장돼 사용자가 자신만의 방식으로 공간을 즐길 여지도 커진다. 기획자와 사용자 모두 자신의 독창성을 발휘하게 되는 것이다.

CREATE 아이디어 정리

　'이거다!' 싶은 아이디어가 떠오르면 대부분 그 자리에서 당장 기획을 시작하려 듭니다. 그러나 서두르면 안 됩니다. 마음에 드는 기획안이 떠올라도 '이것보다 더 좋은 아이디어는 없을까?' 라고 질문을 던지며, 새로운 선택지를 빠짐없이 검토하는 데 주력해야 합니다. 선택지 하나하나의 장단점을 비교해 장점이 많은 것들을 조합해 더 좋고 참신한 선택지를 만들고자 노력하는 것이 중요합니다.

　저는 10년 넘게 건축과 대학원에서 '프로젝트 디자인' 을 가르치고 있습니다. 학생들에게 가장 먼저 내주는 과제는 '나의 강점 분석' 입니다. 강점 100개를 적어오라는 식인데, 갑자기 생각하기가 쉽지는 않죠. 그래도 친구에게 물어봐서라도 어떻게든 100개를 채우게 합니다. 정리되지 않아도 좋으니 생각나는 대로 일단 종이에 적어보라고 하죠. 100개를 다 적었으면, 이번에는 장점을 정리하고 분석하기 시작합니다. 다들 이 작업을 꽤나 진지하게 하는데요. 그러다 보면 스스로에 대한 이해가 깊어지고, 때로는 의외의 장점을 발견하기도 합니다. 나아가 어떤 장점을 더하면 성장할 수 있을지 생각하는 계기도 됩니다.

이렇게 하나의 주제에 대해 빠짐없이 적어보는 것은 개인의 성장 뿐 아니라 기획 아이디어 정리에도 반드시 필요한 과정입니다. 저도 항상 실천하고 있고요. 머릿속으로만 생각하고 있으면 다종다양한 요소의 전체적 느낌을 파악하기 어렵습니다. 이럴 때에는 떠오르는 모든 것들을 글로 옮겨 적고 전체를 훑어보면 도움이 됩니다. 글로 적혀 있는 내용을 들여다보노라면 사물 사이의 뜻밖의 관련성이 눈에 들어오기도 하고, 놓치고 있었던 문제점이 드러나기도 합니다. 그뿐인가요, 의외의 조합을 시도해 새로운 가치가 창출되는 경우도 많습니다.

새로운 사업에 착수할 때에는 당연히 여러 가지 기획 아이디어가 나옵니다. 이 중 최종 선택을 잘못하면 큰일입니다. 이때는 '감각'에만 의지하지 말고 명확한 기준이 있어야 합니다.

저는 여러 아이디어를 '점수화'해서 순위를 매기고 있습니다. '수익성', '기존 사업과의 시너지 효과', '장점 활용 가능성', '시장의 크기', '장래성', '해외진출 가능성' 등 여러 각도에서 평가기준을 설정한 다음 각 아이디어의 점수를 매기는 것이죠. 점수화가 끝나면, 특히 중요하다고 생각하는 평가기준의 반영비율을 올립니다. 예를 들어 '장점 활용 가능성'은 그대로 둔 채 '수익성'은 2배, '장래성'은 3배로 비율을 조정합니다.

그렇게 하면 각 아이디어의 합계점수가 나오는데, 이때에도 주의할 점이 있습니다. 1위 아이디어가 정말 선택받을 만한지 끝까지 의심하는 것입니다. 이것이 자신의 주관적 아이디어를 객관화하는 과정의 핵심입니다.

이렇게 여러 단계를 밟았지만, 이 아이디어는 아직 완성된 것이 아닙니다. 기획하면서 계속 발전시켜 나가야 하죠. 이때 저는 주위에 조언을 구하곤 하는데, 여기에도 순서가 있습니다.

먼저 첫 번째는 아이디어를 가져가면 무조건 좋다고 신나게 긍정적으로 반응해주는 사람에게 상담합니다. 대화하다 보면 이미지를 키울 수 있고 자신감도 생기죠. 두 번째는 냉철한 지적을 해주는 사람에게 상담하며 문제점을 정리합니다. 세 번째는 상담내용을 알기 쉽게 정리해주고, 나아가 아이디어를 하나 더해줄 수 있는 사람을 찾아갑니다.

여기서 끝이 아닙니다. 마지막으로 네 번째는 뭐든지 부정하는 사람에게 상담합니다. 결코 일어나지 않을 문제까지 끄집어내고 함께 해결책을 찾다 보면, 아이디어는 이미 실현 가능한 단계까지 크게 진화해 있을 것입니다.

철저한 리스트업 Thorough Listing

고려해야 할 요소를 빠짐없이 나열함으로써
사고를 심화할 수 있다.

상황 기획의 전제가 되는 과제나
아이디어를 구상중이다.

문제 머릿속으로만 생각하면 다양한 요소를 파악하기 힘들고 중요한 사항을 빠뜨릴 위험이 있으며, 사고를 심화시키기 어렵다. 요소들 사이의 관련성도 파악하기 힘들다. 그 결과 반드시 검토해야 할 관점이나 중대한 위험요인을 놓쳐버릴 위험이 있다.

해결 기획의 전제가 되는 과제나 아이디어를 가능한 빠짐없이 나열해서 적어보고, 그것을 보면서 생각을 정리한다. 중요도나 분류체계는 신경 쓰지 말고 일단 떠오르는 것을 모두 적는다. 얼추 다 적었다고 생각되면, 전체를 훑어보면서 빠진 점이 없는지 확인하고 각각의 중요도를 고려해본다. 이때 〈평가를 위한 점수화〉를 시도하면 각각의 요소를 평가하고 특성을 파악하는 데 도움이 된다. 나아가 나열된 항목을 조합해서 어떤 가치를 만들 수 있는지도 추측해볼 수 있다.

결과 목록을 작성하고 검토하면서 사고를 심화시키면 고려할 것들을 빠뜨리는 실수를 하지 않게 되고, 아이디어를 개선할 수 있다. 또한 머릿속에 머물던 생각을 외부로 옮김으로써 작성한 목록과의 대화가 가능해진다. 이렇게 만들어진 기획은 누락이 없을뿐더러 자신만의 개성을 입히기도 수월하다. 이 작업을 여러 사람이 함께 수행하면 더 넓은 시야에서 요건과 아이디어를 공유할 수 있다. 이는 독창적이고 깊이 있는 컨셉을 만드는 발판이 된다.

평가를 위한 점수화Interactive Scoring

막연하게 전체를 평가하지 말고
몇몇 기준으로 점수를 매겨서 판단한다.

<상황> 〈철저한 리스트업〉에서 얻은 과제나 아이디어를 깊이 있게 평가하고 싶다.

문제 **과제나 아이디어를 전체적으로만 평가하면 구체성이 떨어진 막연한 평가가 되기 십상이다.** 각 요소를 평가하는 기준은 당연히 여러 가지가 있고, 저마다 방향성도 제각각일 것이다. 기준에 대한 검토 없이 평가를 진행하면 사고를 심화시키지 못한 채 감각적인 판단에 그치기 쉽다. 그 결과 과제의 중요성에 대해 그릇된 판단을 내리거나, 최선이 아닌 아이디어를 선택하게 될 위험이 있다. 명확한 기준에 의해 선정되지 않은 과제나 아이디어는 설득의 근거 또한 빈약해, 건설적 논의의 토대가 되기 힘들다.

해결 **다양한 평가기준을 설정해 각 아이디어의 점수를 매긴다. 종합점수와 본인의 느낌과의 간극을 확인하면서 사고를 심화시킨다.** 예를 들어 '시장의 크기', '수익성', '기존 사업과의 시너지 효과', '사회적 의미', '해외진출 가능성' 등 다양한 평가기준을 설정해 각 아이디어의 점수를 매긴다. 그런 다음 각 기준 점수의 반영비율을 곱해서 종합점수를 산출한다. 그런데 막상 최고점을 받은 아이디어가 마음에 들지 않거나 내키지 않을지도 모른다. 그 이유를 추측하면서 기준항목의 점수를 조정하거나 자신의 생각을 수정하며 사고를 심화시킨다.

결과 **과제와 아이디어를 항목별로 상세히 검토하고 눈에 보이는 형태로 평가할 수 있다.** 각각의 점수는 자신과 분리해서 바라본 것이므로 객관성을 확보할 수 있다. 또한 과제와 아이디어에 대해 다른 사람과 의논하기도 쉬워 협업이 원활해진다. 이러한 훈련을 계속하면 평가하는 안목을 키울 수 있다.

상담의 순서 Graduated Consultations

적절한 시점에 적절한 사람에게
상담하며 기획을 발전시킨다.

상황 기획안을 개선하는 데
사람들의 의견과 조언을 듣고 싶다.

문제 **어떤 조언자는 지나치게 현실적인 관점으로 아이디어의 싹을 잘라버리기도 한다.** 이런 사람에게는 힘을 얻기는커녕 위축되어 버리기 일쑤다. 사람마다 전문분야와 관심영역, 감각과 성격이 다르기 때문에 모든 사람에게 내게 필요한 조언과 반응을 기대할 수는 없다. 그렇다고 매번 듣기 좋은 소리만 하는 사람에게 상담하면, 자신감을 가질 수는 있어도 내용을 구체화하거나 놓치고 있는 점을 발견하기는 힘들다.

해결 **상대방의 전문분야나 특성을 고려해서 내게 필요한 도움을 받을 수 있도록 상담 순서를 정하고, 그 순서대로 의견을 들으며 기획을 발전시킨다.** 먼저 내 아이디어에 적극적인 관심을 보여주는 사람을 찾아가 아이디어의 가능성을 긍정적으로 키우고, 이어서 나와 다른 관점에서 사물을 보는 사람에게 상담하며 깊이를 더한다. 마지막으로 날카로운 지적과 우려를 해주는 사람에게 상담하여 기획을 실현하는 데 필요한 실질적인 내용을 채워나간다.

결과 **주위의 장점을 활용하면서 효율적이고 풍성하게 기획을 발전시킬 수 있다.** 적절한 시점에 이루어지는 상담은 건설적이고 긍정적인 자극을 주어 기획의 동기를 부여한다. 상대방 또한 자신이 도울 수 있는 적절한 단계에 상담을 요청받으면 괜한 부담감이나 불쾌감을 느끼지 않고 더 많은 지원을 할 수 있다.

CREATE 아이디어 심화

훌륭한 기획을 완성하는 데에는 고객과의 협업이 필수적입니다. 함께 고민하고, 함께 아이디어를 구현하고, 함께 기획을 만들어내야 하죠. 그러니 어느 정도 기획이 정리되면 선택지를 몇 개 작성해서 고객의 반응을 보거나 다시 한 번 고객의 요구를 들어보는 것이 좋습니다. 처음 일을 의뢰할 때에는 사실 고객도 자신이 뭘 원하는지 확실히 알지 못하는 경우가 많습니다. 이럴 때 고객의 요구를 다시 정리해보면 기획을 더욱 원활하게 발전시킬 수 있죠. 고객의 요구를 정리해서 기획에 반영하는 것도 기획자의 중요한 업무입니다.

일단 기획이 완성되면 질문을 던져봅니다. '정말 이것으로 괜찮은가?' '정말 이것을 실현할 것인가?' '제대로 차별화되었는가?' 그럴듯한 이미지와 광고문안을 동원해 얼핏 매력적으로 보이는 기획서도 알고 보면 실현가능성이 결여된 경우가 의외로 많습니다. 잊지 마세요. 기획을 실현시킨다는 생각을 항상 염두에 두고 있어야 합니다. 기획을 실현하기 위한 방안을 구체적으로 마련하다 보면 처음 구상했던 기획과 점점 멀어지는 경우도 있습니다. 그때는 기획 자체를 재고하는 용기도 필요합니다. 결정된 기획에 대한 집착은 자칫 아이디어를 심화시키는 데 걸림돌이 될 수 있습니다.

저는 어렵다고 결코 금방 포기하지 않습니다. 어려움의 이면에 획기적인 기획이 탄생할 기회가 숨어 있기 때문입니다. 숨어 있는 기회를 찾아내는 방법은 하나, '왜?'라는 의문을 파고드는 것입니다. '왜?', '어째서?', '정말?' 이 3가지는 기획할 때의 제 입버릇입니다. 기획자는 의심하는 사람입니다. 기존의 상식이 눈 깜짝할 사이에 바뀌는 경우가 얼마나 많습니까? 그 전환점을 파악하는 것이 획기적인 기획의 시작입니다. 기존의 습관이나 상식을 무조건 믿지 않고 '왜?', '어째서?', '정말?' 이렇게 항상 의문을 제기하며 파고 들어야 합니다. 끊임없이 '왜?'라고 물음으로써 획기적인 기획의 힌트를 얻을 수 있습니다.

참여할 여지 Room for Commitment

처음부터 너무 많은 요소를 넣지 않는다.

상황 고객에게 기획을 제안하려고 한다.

문제 **처음부터 빈틈없이 너무 많은 요소를 넣어버리면, 기획을 받아본 고객이 생각할 여지가 사라져 일방적인 관계가 되어버린다.** 모든 요소가 담긴 완성된 기획을 보여주면, 상대방은 기획안을 평가하는 역할밖에 할 수 없다. 함께 기획을 키워나가는 협동작업이 불가능해지는 것이다. 스스로 생각해서 제안하거나 새롭게 시도할 여지가 없다면, 고객은 기획을 자기 것으로 느끼기 힘들고 재미도 찾을 수 없다. 완성된 결과물에 애착을 가질 가능성도 낮아진다.

해결 **기획의 골격을 충실히 세우면서도 상대가 아이디어를 제안하거나 선택할 수 있는 여지를 만들어둔다.** 전문가에게 요구되는 품질은 물론 확보하면서, 상대의 아이디어를 반영할 여지를 일부러 만드는 것이다. 그런 다음 고객이 이렇게 했으면 좋겠다는 제안을 해오면, 참여의욕을 북돋아주고 유연하게 수용하면서 기획을 구체화한다.

결과 **고객과 함께 기획을 성장시킬 수 있다.** 이는 사용자에게 기획에 대한 애착이 생긴다는 것을 의미한다. 이것은 〈기획 철학〉과 어깨를 나란히 하는, 기획의 핵심이 되는 또 하나의 지점이다. 사용하는 사람의 아이디어나 감성이 반영되면 완성된 결과물에 사용자의 개성이 더해지고, 만드는 과정을 공유하면서 〈즐거운 기억〉을 만들 수 있다.

실현가능성 점검Thinking with Reality

실현을 위한 요소가 구체적인 부분까지
제대로 확보되었는가?

상황 기획의 대략적인 골격이 완성되었다.

문제 **기획을 실제로 작동시키는 데 필요한 구체적인 부분이 빠져 있는가?**
구체성이 결여된 기획은 실현가능성이 낮고 과정에도 혼란이 발생한다. 기획의 컨셉과 대략적인 골격이 완성되고 나면 긴장이 풀리고 사고도 둔해지기 쉽다. 특히 자신의 아이디어가 바탕이 되었다면, 그 사실만으로도 그 기획이 좋아 보이는 법이다. 근사한 사진이나 광고문구 등으로 보기 좋은 기획서를 만들었을 때에도 마치 기획이 완성된 것 같은 착각에 빠지기 쉽다.

해결 **과연 그 기획이 실현 가능한지 염두에 두고 컨셉과 실현할 구체적인 내용 사이에 차이가 없는지 거듭 확인하며 조사한다.** 기획을 실현하는 데 필요한 관련 협력처와의 관계, 실제 운용 이미지, 수익 등을 고려하면서 컨셉의 실현가능성을 구체화한다. 이때 가급적 자신의 기획을 비판적이고 부정적인 시각으로 검토해서 발견된 문제점을 수정하며 기획을 심화시킨다.

결과 **단순히 매력적인 겉모습뿐 아니라 실제로 실현 가능한 기획을 만들 수 있다.** 그렇게 되면 주위에서도 아이디어와 의견을 더 활발하게 말하게 돼 좋은 기획으로 발전시킬 수 있다. 물론 다른 사람에게 지적받기 전에 스스로 실현가능성을 더한 기획을 세울 수 있으므로 기획자로서의 전체 실적도 크게 향상된다.

이유 파고들기 Unearth the Reason

실현하기 어렵다는 이유로
쉽게 포기하지 않는다.

상황 기획 아이디어 중에
전례가 없어 실현하기 어려운 것이 있다.

문제 어렵다는 이유로 포기해버리면, 그 기획에서 실현하고 싶었던 가치
를 제공할 수 없다. 지금까지 없었던 새로운 일을 시도할수록 실현을
방해하는 제도, 체제, 습관 등 생각지도 못한 벽에 부딪히게 마련이다. 그런 벽이
존재한다는 것은 지금까지 그 방향으로 나아가려고 시도한 사람이 없었거나, 시
도했다가 포기했다는 뜻이다.

해결 실현하기 어려운 이유를 알아낸다. 직접 분석하는 동시에 관계자에게
현재의 제도나 체제에 대해 물어보면서 이유를 파악해 해결책을 찾는
다. 왜 실현이 어려운지 깊이 생각하다 보면 어떤 생각이 떠오를 것이다. 또한 관
계자는 내가 모르는 이유나 속사정을 알고 있을지 모른다. 그런 정보들을 모아서
이리저리 조합하다 보면, 새로운 실현방안과 난제를 효과적으로 비켜가는 방법이
보이기 시작한다.

결과 답보 상태였던 기획을 실현할 수 있다. 그 기획은 지금까지 없던 자신
만의 것으로 새로운 가치를 제공할 수 있다. 또한 이러한 경험을 쌓으
면, 문제에 직면했을 때 해결하거나 피해가는 능력을 기를 수 있다.

CREATE 기획의 구체화

　세부적인 기획을 짤 때에는 경쟁자를 의식하게 됩니다. 자연스러운 일이죠. 그러나 지나치게 의식하면, 무조건 튀어 보이려 하고 부가적인 가치를 더하는 데에만 골몰하기 쉽습니다. 신선하고 독특한 기획을 내놓아도 기본을 충족시키지 못하면 의미가 없습니다. 언제나 기본이 먼저입니다. 기본가치를 제대로 충족시키는 것이 무엇보다 중요하죠. 그러니 혁신적인 기획안이 1차로 완성된 후에도 기본가치를 계속 염두에 두면서 구체화할 필요가 있습니다.

　무엇이 기본일까요? 예컨대 모든 기획에 '사업성'은 대단히 중요한 기본가치입니다. 안정적 사업성을 확보한 기획은 계속해서 가치를 제공할 수 있습니다. 언제나 사업성에 유의하며 기획하는 것은 기획자의 필수역량입니다.

　하나의 기획을 내놓아 완성시키기까지는 막대한 시간과 노력이 필요합니다. 회사를 둘러보면 많은 직원들이 열심히 노력하는 모습을 언제나 볼 수 있습니다. 그러나 노력도 중요하지만, 마구잡이 노력은 시간낭비입니다. 어떻게 할지 '방법'을 신중하게 검토한 뒤에 노력해야 합니다. 방법을 의식하면서 기획하고, 결과가 어땠는지 검증하기를 거듭하다 보면 틀림없이 자신에게 맞는 방법을 찾을 수 있습니다. 기획은 시간과의 싸움입니다. 방법을 개선해 시간의 효율성을 올리는 것만으로도 기획의 질이 달라집니다.

제가 생각하는 '기획하는 방법'의 기본은 정보를 많이 수집하고 분석해서 논리적으로 구성하는 것입니다. 그러나 여기에도 함정이 있습니다. 자칫 일반적인 정보만 모아서 상식에 사로잡혀 생각하기 쉽죠. 그 결과 완벽해 보여도 실은 누구나 하는 흔한 기획, 무난하고 재미없는 기획을 낳고 맙니다.

매력적인 기획, 완성도 높은 기획을 하려면 약간의 '일탈'이 가미되어야 합니다. 기획의 일부 요소에 적당한 유희나 재미, 의외성을 집어넣어 보세요. 기획 전체에 자신만의 특색을 부여할 수 있습니다. 그렇게 차별화한 기획은 화제가 되고 사업성도 좋습니다.

기본가치 Fundamental Values

참신함과 독창성을 발휘하기 위해서라도
기본은 착실히 챙긴다.

상황 기획의 대략적인 골격과 컨셉이 결정되고, 구체적인 설계를 시작했다.

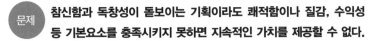

문제 참신함과 독창성이 돋보이는 기획이라도 쾌적함이나 질감, 수익성 등 기본요소를 충족시키지 못하면 지속적인 가치를 제공할 수 없다.
독창성을 목표로 눈에 보이는 디테일부터 신경 쓰는 등 부가적인 요소에만 정신이 팔리면 반드시 담보해야 할 기본가치에 소홀해지기 쉽다. 특히 고객의 지갑을 열 만한 가치를 제공하지 못하면, 일시적으로 주목받거나 화제가 된다 해도 채산성은 맞추지 못한다.

해결 기획이 우선적으로 충족시켜야 하는 기본가치를 확실히 의식하고, 세부 기획을 할 때에도 그것들이 훼손되지 않는지 계속 확인한다.
기본가치는 어렵지도, 복잡하지도 않다. 공간디자인을 한다면 기획용도에 맞는 쾌적한 공간을 만들고, 덧붙여 확실한 수익성을 확보하는 것이 기본가치다. 이처럼 기본을 챙기는 것은 〈일탈효과〉를 꾀하기 위한 전제조건이기도 하다.

결과 사람들이 중시하는 기본가치를 확실히 다져놓으면 사업기반을 형성하는 것은 물론, 이를 바탕으로 개성도 강조할 수 있다. 기본가치에 충실하면 안정된 품질이 유지돼 고객의 만족과 신뢰를 얻을 수 있다. 또한 수익성이 담보된 기획은 사업의 지속성으로 이어지고, 꾸준히 '다음 기회'를 도모할 힘이 된다.

방법 검토하기 Approach Search

어떻게 할지 자문해
철두철미하게 검토한다.

상황 **기획 실현방법을 고민중이다.**

문제 **하려는 일이 새로울수록 실현방법은 불확실하게 마련이며, 우연히 떠오른 방법도 최선이 아닌 경우가 많다.** '저질러본다'는 정신으로 뛰어드는 용기가 능사는 아니다. 실현방법을 깊이 고민하지 않은 채 일을 진행하면 최적의 방법을 찾아낼 수 없고, 이 방법 저 방법 전전하다 결과적으로 비용만 올라갈 위험이 있다.

해결 **기획을 구체화하는 동안에는 어떻게 할지 '방법'을 스스로 묻고 답하며 철저하게 검토한다.** 특히 새로운 시도를 하는 경우라면 더욱더 이 방법이 최선인지 끊임없이 고민해야 한다. 관행처럼 답습해왔던 방법과 법칙에 대해서도 지금 상황에 적절한지 검토하고 무엇이 최선인지 질문하면서 진행한다. 이때 〈철저한 리스트업〉 작업을 수행해서 〈평가를 위한 점수화〉를 해보면 도움이 된다.

결과 **그때그때 상황에 맞게 최적의 방법을 적용하면서 기획을 추진할 수 있다.** 허를 찌르는 방법으로 독창성을 갖추거나 불필요한 과정을 없애 비용을 절감할 수도 있다. 또한 여러 가지 실현방법을 확보해두면, 예상치 못했던 사태나 환경변화에도 방법을 바꿔가며 유연하게 대처할 수 있다. 이러한 경험이 쌓이면 무턱대고 열심히만 하는 대신 어떻게 노력하고 어떻게 최선을 다해야 할지 지혜가 생길 것이다.

일탈효과 Point of Play

'완벽'은 완성이 아니다.
적절한 일탈이 기획의 매력을 높인다.

상황 기획을 세부적으로 구체화하는 중이다.

문제 **단순히 단정하게만 완성된 기획은 사람의 마음을 끌어당기지 못하는 재미없는 결과물이 되기 쉽다.** 니즈를 있는 그대로 받아들여 충족시키는 데에만 집중하면 전체적으로 여유와 멋이 없어진다. 지나치게 고지식하고 답답한 인상을 주거나, 독창성이 결여된 흔해빠진 기획이 되어버린다.

해결 **기획의 일부분에 유희나 재미, 의외성을 적절히 가미해 한결 유쾌하고 특색 있게 만든다.** 니즈와 요건에 부합하는 〈기본가치〉 위에 다른 요소를 살짝 추가해서 딱딱하지 않은 멋스러운 기획으로 발전시킨다. '엉뚱한foolish 일탈'뿐 아니라 '논리적인 일탈' 등 다양한 방법이 있으니 적절히 시도해본다.

결과 **멋스럽고 매력적인 동시에 재미있고 유쾌한 기획을 할 수 있다.** 효과적인 일탈은 기획의 특성이 되어 사람들의 인상에 남고 화제에 오르며 수익으로도 이어진다. 지금까지 볼 수 없었던 방식으로 일탈을 기본가치에 덧댄다면 화제성을 넘어 트렌드가 될 수도 있다.

CREATE 기획 강화하기

　전체적인 균형을 지나치게 의식하면 특성 없는 기획이 되어버리고, 특색만 추구하면 한쪽으로 치우쳐 요점이 빠진 기획이 되어버립니다. 당연한 말 같지만, 양쪽을 모두 적절히 의식해 특색 있으면서도 균형 잡힌 기획으로 완성하는 것이 중요합니다.

　진행 중에 필요한 요소들을 풍성하게 반영하면 기획의 질이 높아집니다. 대신 복잡해지죠. 전달하고 싶은 핵심이 모호해질 우려도 있습니다. 언제나 균형을 염두에 두고, 해당 기획이 가장 전달하고 싶은 부분에 초점을 맞추고 그 가치를 더욱 '파고들어' '검토하고' '부각시켜' 나가야 합니다. 그런 다음에 잘됐는지 검증해봅니다. '한마디로 표현할 수 있는지' 확인해보면 됩니다.

　저는 기획이 일단 완성되면 항상 프레젠테이션에 사용할 광고문안을 고안하는 데 정성을 들입니다. 이 기획은 한마디로 어떤 것이고, 매력이 무엇인지 알리는 문안입니다. 간혹 이것을 정하지 못하고 고민만 거듭할 때가 있는데, 아직 기획 내용이 명료하지 않다는 신호입니다. 그런 의미에서 '한마디로 표현하면?' 이라는 질문은 꽤 유용합니다.

　일단 기획이 완성되면 객관적인 관점에서 기획을 검증합니다. 이

때 저는 '내가 존경하는 이 분야의 전문가라면 이 기획을 어떻게 평가할까?'라고 상상해봅니다. 그렇게 하면 저와는 다른 관점이나 기준에서 새로운 아이디어를 얻을 수 있습니다. 기획이 기획자의 관점이나 가치관을 바탕으로 만들어지는 것은 어쩔 수 없지만, 이것을 제삼자의 입장에서 객관적으로 평가한다면 좀 더 다듬을 수 있습니다. 구체적인 인물을 상정하는 것 이외에도 '세계적인 사례와 비교해보면 어떨까?', '외국인들은 어떻게 생각할까?' 등 다양한 관점에서 바라보시면 좋겠습니다.

기획을 더욱 공고히 하고 싶다면 완성된 당시에만 반짝 유행하고 끝나는 것이 아니라 오랫동안 사랑받는 것, 관심이 수그러들지 않는 것을 목표로 삼아야 합니다. 이때 유의할 점은 '수요와 공급의 차이'입니다. 수요가 많고 공급이 적은 기획은 순조롭게 진행됩니다. 그러나 수요와 공급의 균형은 늘 변화합니다. 성공한 사업모델일수록 금방 공급자가 늘어납니다. 그런 변화까지 예측해서 반영하는 것이 오랫동안 사랑받는 기획의 요령입니다. 물론 미래를 정확히 예측하기란 너무 어렵죠. 하지만 몇 가지 미래예상도를 그려서 준비해두는 것은 전문기획자라면 반드시 해야 할 작업입니다.

한마디로 표현하기 Killer Pitch

가장 큰 셀링포인트는 무엇인가?

여러 요소가 반영된 기획을 만드는 중이다.

 기획에 다양한 요소가 들어가면 커버하는 폭이 넓어지고 활용가능성도 높아지지만, 동시에 그 기획이 전달하고자 하는 내용이나 가치는 희미해져 버린다. 다양한 니즈를 다 고려하고 〈아이디어 연결하기〉를 지나치게하다 보면 기획이 복잡해질 수밖에 없다. 물론 장점이 늘어나는 것 자체는 나쁜일이 아니다. 하지만 막상 사람들에게 설명하려 들면 여러 셀링포인트를 통일성없이 모아놓은 것처럼 보여서 기획의 초점이 흐려지기 십상이다.

그 기획이 추구하는 가치를 한마디로 표현할 수 있을 때까지, 기획의 셀링포인트를 검토해서 추려낸다. 기획과정에서는 끊임없이 '궁극적으로 고객에게 무엇을 제공하려 하는가?', '무엇이 가장 큰 셀링포인트인가?'라는질문을 던지며 고민해야 한다. 마침내 한마디로 추려졌다면 그 표현과 기획내용에 차이가 없는지 확인하자. 혹시 차이가 있다면 표현과 기획내용을 수정해서 기획을 강화한다.

기획의 컨셉과 가치가 명확해지고, 동료에게 기획의 강점과 매력을 전달하기도 한결 쉬워진다. 셀링포인트가 분명하면 디자인 양식이나광고문안 등도 어렵지 않게 결정할 수 있다. 〈한마디로 표현하기〉를 본인의 과제로 삼아 철저히 수행한다면 기획자에게 필수적인 '본질을 파악하고 표현하는 힘'을 연마할 수 있다.

타인의 관점에서 검토하기 Review in Their Shoes

○○씨라면 뭐라고 할까?

기획이 일단 완성되었다.

 이 기획이 최선인지 검토할 때 기획자 본인의 관점으로만 점검하면 근본적인 재검토나 전면적인 개선은 이루어지기 어렵다. 애초에 본인이 만든 기획이기 때문에, 아무리 꼼꼼히 점검한다 해도 기획할 때와 같은 관점에서 판단할 가능성이 높다. 맹점을 발견하기도 어렵고, 대대적인 수정이 필요한 발상도 얻기 힘들다. 객관적인 시각이 절대적으로 필요한데, 그렇다고 주변 사람들에게 몇 번이고 묻고 또 물어볼 수 있는 것은 아니다.

 'ㅇㅇ씨라면 이 기획에 대해 뭐라고 할까?'라고 다른 사람의 의견을 상상하며 다양한 관점으로 아이디어를 다듬는다. 존경하는 사람이나 그 분야의 전문가, 본인의 상사나 고객 등을 상정해서 'ㅇㅇ씨라면 뭐라고 할까?' 생각해보며 개선점을 찾는다. 특히 누군가 기획에 대해 지적한다고 가정하고, 어떤 점에서 공격받을지 상상해서 그것을 논파한다.

 다른 사람의 관점에서 기획을 검토하면 평소의 자신과는 다른 발상이 가능해, 남의 도움 없이도 직접 기획의 약점을 발견하고 개선할 수 있다. 공들여 만든 기획의 오류를 직접 지적하기는 쉽지 않지만, 다른 사람의 관점에서 생각하면 한층 과감하게 문제점에 손댈 수 있다. 완전히 다른 입장에서 생각하는 습관을 들이면, 평상시에도 여러 관점을 오가며 사고할 수 있다.

미래 반영 Incorporation the Future

현재는 물론 미래에도
꾸준히 가치가 발현되는 기획을.

상황 기존에 없던 가치를 제공하는 기획을 만들고 있다.

문제 **현재의 시장상황만 보고 기획하면 처음 선보일 때만 좋다가 금세 필요 없는 것이 될 위험이 있다.** 전혀 새로운 기획이라면 공개시점에서는 경쟁상대가 없어서 예상했던 그대로 사업이 전개된다. 그러나 그 기획이 신선하고 매력적일수록 뒤를 쫓는 후발주자가 나타나 수요와 공급이 역전되기 쉽다. 설령 그렇지 않더라도 사회환경이 시시각각 변화하기 때문에 시간이 지나면서 처음의 영향력이 쇠퇴하는 경우가 많다.

해결 **시간이 흘러도 꾸준히 가치를 인정받을 수 있도록, 수요나 공급의 변화를 예측해 기획에 반영한다.** 기획을 둘러싸고 사회 전반과 시장에 앞으로 어떤 변화가 일어날지, 기술은 얼마나 발전할지 생각해본다. 지금의 기획이 그때에는 어떤 의미를 지닐지 예측해보고, 이에 어느 정도 대응할 수 있는 기획으로 다듬는다.

결과 **초반에만 반짝 화제가 되거나 수익이 나는 것이 아니라, 오랜 기간 가치를 창출하고 사랑받는 서비스를 제공할 수 있다.** 미래의 리스크를 예측해 대응방안을 기획에 포함시키면 경쟁에 맞서기도 쉬워지고 리스크 헤지 시점을 놓치는 실수도 예방할 수 있다. 이러한 예방조치가 일상화되면 결과적으로 수익성이 높아진다. 좋은 기획의 기본요건 한 가지가 충족되는 것이다.

LIVE

[꾸준히 좋은 기획을 낳는 기획자의 태도]

LIVE 나다움 찾기

'나다움'을 기획에 집어넣는 것은 어렵지 않아 보이죠. 내가 하는 기획이니까요. 그러나 실제로는 결코 쉽지 않습니다. 애초에 '나다움'이 무엇인지 파악하는 것 자체가 어려운 일입니다. 기획자라면 한 번쯤 진지하게 '나다움'이 뭔지 정리해볼 것을 추천합니다.

좋아하는 것이나 취미는 '나다움'의 중요한 구성요소입니다. 취향과 취미를 가꿀수록 기획에 활용할 수 있는 '나다움'도 강화됩니다. 시야도 넓어지고 정보량도 증가하죠. 또한 즐거운 시간을 보내면서 얻은 것은 기획에도 즐겁게 활용할 수 있습니다. 늘 일이 많고 바쁘기 때문에 취미를 늘리기가 간단하지 않다면, 일과 관련한 분야에서 의식적으로 취미를 늘려가면 어떨까요? 현재의 '나다움'에서 미래의 '나다움'으로 어떻게 발전시킬지 직접 연출해보면, 좀 더 나다운 기획을 다양하게 만들 수 있습니다.

제 취미는 서핑입니다. 서핑을 위해 가마쿠라 해변을 자주 찾는데, 그곳에는 UDS가 기획한 '주말주택 앨리(WEEKEND HOUSE ALLEY, 3부 '프로젝트 8' 참조)'가 있습니다. 서퍼를 대상으로 하는 주상복합 시설로, 제 취미를 일에 적용한 사례입니다.

물론 취미를 늘리는 것만으로는 기획자로서의 경쟁력이 없습니다. 일과 직결되는 '나의 강점'이 전제되어야 합니다. 많은 사람들이 자신에게는 탁월한 재능이나 능력이 없다고 생각합니다. 하지만 다른 사람들보다 조금은 낫다거나, 자신 있다고 느끼는 능력은 누구든 몇 개씩 가지고 있습니다. 그 '조금'을 모아서 자신의 강점으로 만들면 됩니다. 그렇게 하면 탁월한 재능이 없어도 기획자로서 충분한 경쟁력을 가질 수 있습니다. 저도 그렇게 하고 있습니다.

디자이너로서의 제 능력은 부끄럽지만 10점 만점에 6점 정도라고 생각합니다. 사업체계를 만드는 능력은 그보다는 조금 나아서 7점 정도입니다. 저는 경영도 하고 있으니 그것도 보태보겠습니다. '디자인 분야에서, 사업체계를 만들어, 경영하는' 능력이라면, 어느 정도 점수를 받을 수 있을 것 같습니다.

취미나 장점에 맞춰서 자신의 미래상을 구체적으로 그려보는 것도 중요합니다. 그때는 '닮고 싶은 한 사람'이 아니라 '세 사람'을 찾도록 합시다. 한 사람만을 좇다 보면 누군가를 흉내 낸 실패작에 머물게 되는 경우가 많습니다. 여러분이 원하는 모습을 가진 사람을 찾아서 닮고 싶은 부분을 참고합니다. 그러다 보면 '나다움'이 성장하고 목표로 하는 방향성도 정해질 것입니다.

관심사 늘리기 Expansion of Interests

취미가 늘어나면 기획의 폭이 넓어진다.

상황 즐기면서 생동감 넘치는 기획을 내놓고 싶다.

문제 **일에만 몰두하면 오히려 기획력이 비약할 가능성이 낮아진다.** '일은 일'이라며 미리 선을 그어버리면, 일을 위해 입수하는 정보나 일에서 얻는 느낌만 사용해 기획하게 된다. 시야나 생각이 '업무모드' 밖으로 확장되지 못하는 것이다.

해결 **관심사에서 느끼는 즐거움과 감각을 기획에 반영할 수 있도록 취미 또는 개인적으로 즐기는 시간을 반드시 갖고, 점차 늘려간다.** 취미나 좋아하는 대상을 진행 중인 기획과 연결시켜 생각해보자. 〈우연 활용하기〉를 시도해 다른 사람은 내놓을 수 없는 아이디어를 생각해낼 수도 있다. 누구나 취미활동을 갖고 싶어 하지만, 일에 열중하다 보면 취미에 시간과 에너지를 쏟기가 쉽지 않다. 그렇기 때문에 의식적으로 늘리려 노력할 필요가 있다.

결과 **좋아하는 것을 업무에 반영해 좋은 아이디어를 낼 수 있다.** 즐기면서 성과도 내는 것이다. 끈끈한 취미 공동체에서 활동하다 보면, 그 안에서 일과 연결되는 고리가 발견되기도 한다. 무엇보다 취미와 일을 양립시키면 생활 전체의 균형도 좋아지고 풍요로움과 즐거움을 느낄 기회도 많아서, 건강한 정신으로 긍정적으로 일할 수 있다. 하지만 매사에 취미와 일을 연관지으면 자칫 주관에 휩쓸린 판단을 내릴 위험이 있으므로 겹쳐지는 부분은 일부로 제한하는 것이 좋다.

나의 장점들 Combination of Strengths

장점을 한데 모으면 나만의 개성이 된다.

상황 기획을 통해 가치를 창출하는 일에 종사한다.

문제 나만의 가치를 만들어낼 수 없다면 다른 기획자와 차별화할 수 없다.
누구도 범접하지 못할 독보적인 장점 하나가 당신에게 있는가? 그렇지
않은데 경험조차 남들과 비슷하다면 획기적인 성과나 독자적인 성장은 기대할
수 없다.

해결 자신 있는 일이나 괜찮은 특징들을 모아 '나의 장점'으로 키운다. 〈철
저한 리스트업〉으로 특별히 자신 있는 점이나 활동을 나열하고, 〈평가
를 위한 점수화〉 등을 통해 자신의 장점이 될 만한 요소를 찾아낸다. 이 요소들을
한데 모은 〈나의 장점들〉이 언제든 나를 승리로 이끌줄 무기가 될 수 있는지,
시장의 수요가 있는지 확인하면서 새로운 장점을 더하거나 강화해나간다.

결과 본인의 장점을 인식하고 기획에 착수하면 나답게 일할 수 있다. 자신
의 장점들이 한데 모이면 독자성이 형성된다. 일에서 나다움이 확립되
면 주위와 경쟁하지 않고도 다양한 형태로 독자성을 표현할 수 있다. 한번 정립된
나다움은 경험이 쌓일수록 계속 강화되므로 시간이 흘러도 안정된 개성을 지닌
기획자로 살 수 있다.

닮고 싶은 세 사람 Three Role Models

각각의 장점을 받아들이고 내 나름대로 성장한다.

상황 더 성장하고 싶다.

문제 **원하는 미래상을 막연히 상상만 하고 있으면 목표에 도달할 수 없다.** 막연하게 바라기만 하는 상태에서는 미래상을 현실로 만들기 위해 어떤 노력이나 경험이 필요한지 명확하지 않다. 그래서 목표를 달성하기 어렵고, 성장하고 있더라도 맞는 방향으로 가고 있는지 확신하지 못하게 된다. 롤모델이 존재한다 해도 그저 닮고 싶다는 생각만 하는 한 언제까지나 그 사람의 아류작에 머물 뿐이다.

해결 **'저 사람의 이런 점을 닮고 싶다'고 생각되는 이들을 3명 찾고, 방법을 찾아 실행한다.** 미래상을 구상할 때에는 '목표로 삼고 싶은 한 사람'이 아니라 '닮고 싶은 세 사람'을 찾는 편이 좋다. 어떤 사람의 이 부분은 닮고 싶지만 다른 부분은 자신과 맞지 않는다 싶으면, 그 부분을 채워줄 다른 사람을 찾아서 맞춰가면서 나다운 미래상을 만들어가자.

결과 **원하는 미래상이 구체적인 형태로 있으면, 시간을 사용하는 방법이 명확해지고 목표에 도달하기도 쉬워진다.** 또한 여러 사람의 장점을 합친 만큼 누군가를 흉내 낸 저급한 아류에 머물지 않고 새로운 독자성을 만들 수 있다. 어떻게 성장하고 싶은지 상사나 선배에게 알리면 적절한 충고를 얻을 수도 있으니 경험에서 얻는 배움이 더 많아질 것이다.

LIVE 동료와의 관계

하나의 기획을 실현하려면 많은 이들의 협업이 필요합니다. 어떤 사람과 함께 작업할지 결정해서 팀을 짜는 일은 그 자체로 대단히 중요한 과업입니다.

지향점이 전혀 다르고 서로의 개성이 충돌해서 불협화음만 난다면 기획이 원만히 진행될 리 없겠죠. 반면 기획에 필요한 기술이 있고, 서로의 감성과 지향점을 이해하는 동료로 팀을 구성하면 시너지 효과가 발휘돼 활기차게 기획을 추진할 수 있습니다.

단, 성급함은 금물입니다. 함께 일하고 싶은 사람이 나타나더라도 신중하게 다가갑시다. 충분히 이야기를 나눠서 서로에 대한 이해가 깊어져야 '감성 궁합'을 알 수 있습니다. 나와 맞는다는 느낌이 들 때 비로소 제안합니다. 감성이 맞는지 확인하는 것이야말로 기획을 성공으로 이끄는 핵심단계입니다.

발주하는 쪽은 돈을 지불하고, 수주하는 쪽은 돈을 받습니다. 그러나 저는 입장이 다를지언정 인간관계에 높낮이는 없다고 믿고 있습니다. 저희는 대개 일을 수주하는 편이지만 발주하는 경우도 있습니다. 어떤 입장이라도 팀의 일원으로서 최종목적을 달성하기 위해 하나가 되어 최대한 노력하는 것이 중요합니다.

그 과정에서 고객과 의견차가 발생하는 경우도 당연히 있습니다. 이럴 때는 어떻게 해야 할까요? 고객의 요구를 그대로 따르는 사람은 전문기획자라 할 수 없습니다. 물론 기획자의 의견만 강요해서도 안 됩니다. 고객의 의견을 더 나은 형태로 반영할 방법을 찾아서 새로운 의견을 제안하는 것이 바람직합니다. 때로는 반론을 펼치거나 설득해야 하는 경우도 있겠죠. 그럴 경우라도 주변의 의견을 듣고, 객관적인 관점에서 이해관계자의 의견을 두루 공유하는 등의 노력이 필요합니다.

감성 궁합 Empathetic Partners

감성과 생각이 맞는지가 먼저,
함께 일하는 것은 그다음이다.

상황 **다른 사람과 공동작업을 하고 있다.**

문제 **상대방에 대해 잘 모르는 채 구성원으로 받아들이면, 나중에 의견 차이가 생겼을 때 프로젝트를 원활하게 진행하기 어려워질 수 있다.** 누군가를 알아가는 데에는 시간이 걸린다. 하물며 비즈니스로 만나는 경우는 업무 이외의 개인적인 성격이나 생각을 알 기회가 많지 않다. 그러나 막상 무슨 일이든 〈대등한 협업〉을 시작하면 업무능력 못지않게 인간적인 관계가 프로젝트 성패의 중요 요소로 작용한다.

해결 **서로의 사고방식을 이해할 수 있도록 여러 차례 대화해보고, 공감할 수 있다는 확신이 들면 그때 일에 대한 이야기를 시작한다.** 함께 일하고 싶은 사람이 있으면 먼저 충분히 이야기를 나눠서 어떤 사고방식을 가지고 있는지, 오랜 기간 함께 일할 만한지 파악할 시간을 갖는다. 처음부터 구체적인 기획 이야기를 할 것이 아니라, 지금까지 해온 일이나 사업에 대해 물어보면서 조금씩 서로를 파악한다.

결과 **서로의 생각과 감성을 이해할 수 있는 사람들로 팀을 구성하면 프로젝트가 원활하게 진행될 가능성도 높다.** 이러한 팀에서는 〈대등한 협업〉 작업도 즐겁고, 상대방에게도 〈즐거운 기억〉으로 남곤 한다. 서로를 충분히 확인하는 데에는 시간이 걸리지만, 사고방식이 맞지 않으면 진행이 늦어지거나 최악의 경우 프로젝트 자체가 좌초될 수 있다. 이럴 경우 발생하는 막대한 비용을 미연에 방지할 수 있다.

대등한 협업 Flat Collaboration

갑을과 상하를 뛰어넘어
함께 만들어가는 동료.

상황 다른 사람과 공동작업을 하고 있다.

문제 의뢰인 또는 상사가 의견을 강하게 주장하는 바람에 구성원들이 자유롭게 논의할 수 없는 경우가 있다. 기술, 나이, 직함 등에 휘둘려 구성원들이 자유롭게 의견을 제시할 수 없다면 힘을 합쳐 좋은 결과물을 만들 수도 없다.

해결 프로젝트와 관련된 구성원들은 모두 성과를 내기 위한 동료임을 인식하고, 전원이 대등하게 논의에 참가할 수 있는 환경을 만든다. 하나의 목표를 가지고 모인 프로젝트팀인 만큼 직함이나 나이차 등을 떠나 모두가 각자의 역량을 공유하는 구성원이라고 생각한다. 물론 기술이 뛰어나거나 관련 지식이 풍부한 구성원을 향한 경의와 존중은 바람직하지만, 그것이 발언을 독점할 근거는 될 수 없다. 어떤 이유에서건 특정인에게 발언권이 쏠리는 상황을 만들지 않도록 주의한다.

결과 전원이 자신의 역량을 발휘하는 팀이 되어 좋은 성과를 낼 수 있다. 작업의 질을 높이기 위해 다양한 의견을 제시하는 과정에서 자연스레 서로의 성향을 알게 돼 프로젝트를 떠나서도 이어지는 인간관계를 만들 수 있다. 그러나 대등하다는 것은 어디까지나 의견을 내고 토론하는 구성원으로서 존중한다는 뜻이다. 결정 단계에서는 경험이나 지식 등의 차이가 당연히 고려되어야 한다. 숙련된 직원은 숙련자의 역할을, 신입사원은 신입사원 나름의 역할을 담당하면서 팀에 공헌해야 함을 잊지 말아야 한다.

전문가로서의 주장 Professional Opinion

상대를 존중하면서도
중요한 의견은 확실히 주장한다.

상황 다른 사람과 공동작업을 하고 있다.

문제 이런저런 환경요인과 고객의 요구에 밀려서, 기획자로서 바람직하지 않다고 생각하는 내용을 받아들일 때가 있다. 고객은 어디까지나 전문가가 아니라 사용자의 입장에서 주장할 뿐이다. 그런데 기획자로서 더 좋은 아이디어나 방법을 알면서도 의견을 주장하지 못하는 경우가 있다. 의뢰인의 주장을 거스르기 어려워서 또는 현장 분위기 때문에, 또는 그저 자신이 없어서 그러기도 한다. 그 결과는 기획의 전체적인 품질 저하다.

해결 고객의 뜻을 실현하는 전문기획자로서, 자신의 주관을 가지고 확실히 의견을 전달하고 상의한다. 전문가는 고객의 아이디어를 그대로 구현하는 사람이 아니다. 구성원들이 저마다 내놓는 의견을 효과적으로 반영하기 위해 무엇을 어떻게 할지 결정하는 것이 자신의 역할임을 잊지 않는다. 때로 반론이나 설득이 필요한 시점에는 전문가로서 '나는 이렇게 생각한다'는 의견을 전달하고 최대한 설명하려 노력한다.

결과 수준 높은 서비스를 고객에게 제공해 최종적으로 고객을 만족시킬 수 있다. 서로가 의견을 충분히 주고받으면서 일한다면 팀원들도 납득할 수 있고, 〈대등한 협업〉에 동참한다는 느낌이 들어서 〈즐거운 기억〉으로 남는다. 또한 입장이 다른 사람에게 기획자의 관점을 설명하고 논의를 통해 제안을 조정하고 합의를 이끌어낸 경험을 하고 나면, 기획자로서 한 단계 성장했음을 느끼게 될 것이다.

PLEASURE

[또 하나의 기획]

PLEASURE 즐거운 기억

고객이 요구한 대로 제공하면 고객은 '기대했던 대로'라며 만족스러워합니다. 하지만 저는 만족을 뛰어넘어 고객에게 칭찬받는 것을 목표로 합니다. 그러려면 당연히 고객의 기대를 뛰어넘는 성과를 올려야 하겠죠. 디자인성, 사업성, 사회성을 겸비한 기획을 제안하는 것입니다.

고객의 찬사를 받기 위해서는 먼저 내게 요구하는 역할이 무엇인지, 어느 수준의 품질을 기대하는지 정확히 파악하고, 그것을 뛰어넘어야 합니다. 그 품질은 구체적인 목표로 명문화하지 않으면 실현하기 어렵습니다.

'기대를 뛰어넘는 품질'이 무엇과도 바꿀 수 없는 기획자의 중심목표라면, 그 곁에 놓을 작은 목표들도 있습니다. 예를 들어 고객이 함께 만드는 과정을 즐길 수 있게 하거나, 건물처럼 오래 사용하는 대상이라면 애착과 애정을 갖게 만드는 것도 목표가 될 수 있겠죠.

독립하고서 처음 맡은 프로젝트는 공동주택을 기획, 설계하는 일이었습니다. 제 경험이나 기술력이 부족했기 때문에 외부의 도움을 많이 받았습니다. 대신 저는 가급적 다양한 선택지를 제안해서 고

∞

객이 건물 짓는 과정을 즐길 수 있게 했습니다. 고객이 완성된 공동주택에 애착을 가질 수 있도록 의식적으로 노력한 덕분에 몇 년이 지난 후에도 고객으로부터 "자네와 일하길 잘했어. 정말 즐거웠다네"라는 말을 들었습니다. 함께 만들어가는 즐거움을 저 스스로 만끽한 순간이었습니다.

즐거운 기억 Pleasant Memories

'함께 일하길 잘했어.'
이것은 만족 그 이상의 칭찬이다.

상황 다른 사람들과
〈대등한 협업〉을 하고 있다.

문제 **고객이 기대하는 대로만 만들면 기대했던 만큼만 만족할 뿐, 그 이상은 얻을 수 없다.** 상대방의 요구를 충족시키는 것만 목표로 하면, 〈기획철학〉을 구현해서 결과를 만든다 해도 보통의 업무와 다를 바 없다. 더욱이 프로젝트 대상이 건물처럼 오랫동안 사용하는 것이라면 사용자의 애착이 대단히 중요하다.

해결 **좋은 것을 만들면서 동시에 〈대등한 협업〉을 즐길 수 있게 한다.** 기획의 전문가로서 일을 맡은 이상, 양질의 결과물을 만드는 것은 당연히 해야 할 일이다. 여기에 더해 '함께 일해서 즐거웠다'고 말할 정도로 만드는 과정을 즐길 수 있게 해주면, 고객은 완성된 대상에 애착을 갖게 된다. 결과물 이상의 풍성한 만족을 고객에게 제공하는 것이다.

결과 **물질적인 면은 물론 애착과 애정까지 더해진 풍요로운 가치를 제공할 수 있다.** 이는 자신을 믿고 의뢰해준 사람에게 충만한 시간을 제공하는 일이기도 하다. 상대방이 미처 기대하지 못했던 것까지 실현했을 때 만족은 칭찬으로 변한다. 당신에게 만족한 고객은 훗날 다시 일을 맡기거나 지인에게 적극적으로 당신을 소개해줄 것이다. 이렇게 나다운 기획을 이어갈 수 있다.

이 책에서 다루고 있는 사례는

UDS가 작업해온 공간디자인 결과물들입니다.

그러나 이들 사례를 추상화해서 정리한 프로젝트 디자인 패턴은

다른 분야의 기획에도 적용할 수 있습니다.

실제로 패턴을 읽으면서 '우리 분야도 똑같아' 또는

'이건 우리 회사에도 적용할 수 있겠는걸'이라고

생각한 분들도 많을 겁니다. 프로젝트 디자인 패턴에 대해 아셨으니,

이제는 실행할 차례입니다.

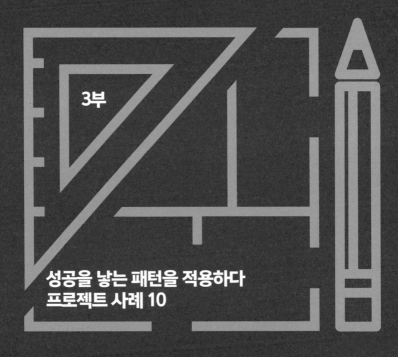

3부

성공을 낳는 패턴을 적용하다
프로젝트 사례 10

사용자처럼 생각? 사용자가 되어 생각!

자신이 살아갈 주택을 토지취득부터 건물설계, 공사발주, 관리까지 직접 공동으로 수행해 만들어낸다. 개성이 반영된 디자인은 물론, 진행과정에서 자연스럽게 생겨나는 이웃 공동체 등은 무엇과도 바꿀 수 없는 부가가치다.

작업내용
기획 · 코디네이트
설계

▲자유설계로 지어졌기 때문에 건물외관의 창문 위치가 모두 다르다. '비싼 돈을 지불하고도 원하는 대로 디자인할 수 없었다'는 기획자의 경험에서 착안해 자유설계를 도입했다.
▶관련패턴 : 〈2. 구입해보기〉

▲자유설계한 건물 내부의 모습. 실내 인테리어에서도 주민 한 사람 한 사람의 개성을 엿볼 수 있다.
▶관련패턴 : 〈17. 참여할 여지〉

◀자유설계한 건물 내부의 모습. 두 대의 그랜드피아노가 놓인 트인 공간에는 방음설비가 갖춰져 있다.

▶분양맨션의 경우에는 어떤 사람이 살고 있는지 알기 힘들고, 통로에서 만나더라도 인사하기 어색하다. 반면 조합식 공동주택은 주민들이 기획 과정부터 함께하기 때문에 자연스럽게 공동체가 형성된다.
▶**관련패턴 : 〈9. 실패사례 연구〉**

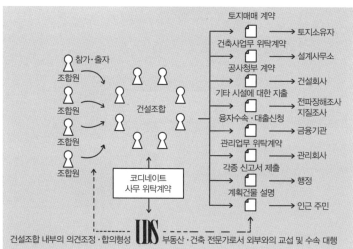

▲예를 들어 토지를 구입할 때는 '왜 공동명의로는 은행에서 융자를 받을 수 없을까?', '왜 단체용 생명보험은 없을까?' 등의 질문을 던지며 문제를 파고들어 해결책을 모색하고, 입주민들을 대신해 합의형성, 의견조정, 교섭 및 수속을 대행하는 등 건설조합을 지원하는 체계를 완성했다.
▶**관련패턴 : 〈19. 이유 파고들기〉**

예술을 매개로 사업모델을 만든다

지어진 지 23년 된 학생기숙사를 증축해 호텔로 용도변경했다. 호텔과 공동주택으로 구성한 새로운 형식의 아트호텔로, 예술가와 함께 각종 행사를 개최하고 아트갤러리를 운영하는 등 예술과 문화를 주제로 다양한 사람이 모이는 공간으로 기획했다.

개요
소재지 : 교토부 교토시
(京都府 京都市)
용도 : 호텔 · 공동주택
(61실 · 50실)
대지면적 : 3,055.07㎡
건축면적 : 6,134.64㎡
규모 : 지상 6층
구조 : 철근 콘크리트 구조
준공년 : 2011년

작업내용
기획 · 코디네이트
설계
운영
경영

"Swell-Deer", 2010, © Kohei Nawa

▲1층 프런트에 마련된 갤러리 공간. 조각가 나와 고헤이(名和晃平)의 작품을 전시중이다. 호텔 직원들이 직접 큐레이션하는 예술 기획 및 전시공간이다. ▶**관련패턴 : 〈29. 감성의 궁합〉**

▲교토역 남쪽은 호텔 수요가 많지 않으므로 타깃을 명확히 설정해서 '예술'과 '디자인성'을 전면에 내세운 기획과 디자인을 시도했다. ▶관련패턴 : 〈12. 묻혀 있던 잠재력〉

▲트윈룸 객실 내부. 원래 학생기숙사였기 때문에 대부분의 객실은 15㎡로 좁은 편이지만, 테라스 딸린 넓은 객실을 따로 만들어 다양한 고객 니즈에 대응할 수 있는 객실구성을 갖췄다.

▲입구의 모습. '호텔', '예술'이라는 디자인성, 저렴한 부동산으로 높은 가동률을 내는 사업성, 조용했던 지역에 예술의 힘으로 활력을 불어넣는 사회성을 실현했다.

▶**관련패턴 : 〈1. 기획 철학〉**

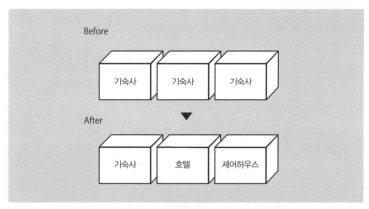

▲3개 동으로 구성된 학생기숙사의 일부를 호텔과 셰어하우스로 용도변경했다. 호텔에 셰어하우스를 접목함으로써 안정적인 수익을 확보할 수 있는 사업구조를 만들고, 셰어하우스 입주민도 호텔의 공용시설을 이용할 수 있다는 점을 내세워 부가가치를 높였다.

단점을 역이용해 컨셉으로 만든다

지어진 지 23년 된 교육시설의 사무소 건물을 리모델링해 호텔로 용도변경했다. 교토의 전통 목조건물인 마치야(町家) 스타일을 현대적으로 재해석한 디자인이 특색으로, 곳곳에서 교토의 역사와 문화를 느끼고 배울 수 있도록 고안한 에듀테인먼트 호텔이다.

개요
소재지 : 교토부 교토시
(京都府 京都市)
용도 : 호텔 (29실)
대지면적 : 853.52㎡
건축면적 : 3,091.00㎡
규모 : 지하1층/지상5층
구조 : 철근 콘크리트 구조
준공년 : 2010년

작업내용
기획 · 코디네이트
설계
운영
경영

▲입구를 외부 공간의 일부로 해석해서 설계했다. 외부에서 방문하는 손님이 문을 지나 안채로 향하는 안뜰을 상상하며 돌길과 다실, 계절과 시간에 따라 변하는 천장 조명, 이끼와 자갈 등의 외부 요소를 도입했다. 여기에 향기를 이용한 연출을 더했다.

▲교마치야 특유의 좁고 긴 형태를 살려 디자인했다. 객실 수가 가장 많은 슈페리어룸은 침대에 두 명, 다다미방에 이부자리를 깔면 최대 5명이 숙박할 수 있다.

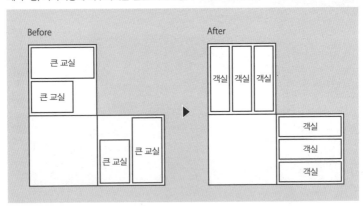

Before

| 큰 교실 |
| 큰 교실 |
| 큰 교실 | 큰 교실 |

After

| 객실 | 객실 | 객실 |
| 객실 |
| 객실 |
| 객실 |

▲용도변경 이전과 이후의 평면도 간략도. 원래는 교실로 사용하던 공간이었기 때문에, 객실 출입구와 개구부를 확보하기 위해 좁고 긴 형태로 객실을 설계했다. 이 점을 역이용해 교마치야 컨셉으로 디자인했다.　　　　　　　　　　　　　　　▶관련패턴 : 〈21. 방법 검토하기〉

▲환경을 생각해 외관에는 굳이 손대지 않았다. 2층 높이에 루버(louver)를 설치하고, 입구에 초롱 모양의 커다란 조명을 달아 호텔다운 분위기를 연출했다.

▶기존 건물이 교육시설이었다는 점에 착안해 관광 비수기에는 적극적으로 수학여행 학생을 수용하고 있다. 최고의 공간에서 손님을 극진히 대접하는 '오모테나시' 문화를 체험할 수 있으며, 교토 기타야마 산지의 삼나무를 사용한 '젓가락 만들기 체험' 등 독자적인 프로그램도 제공하고 있다.

▶관련패턴 : 〈13. 아이디어 연결하기〉

약간의 차이로 실감을 더한다

실물을 규모만 3분의 2 크기로 축소한 공간에서 어린이들이 즐기며 직업세계를 엿볼 수 있는 일본 최초의 에듀테인먼트 테마파크. 90여 가지 직업과 서비스를 체험할 수 있는 체험시설을 갖추고 있다.

개요
소재지 : 도쿄도 고토구
(東京都 江東区)
용도 : 테마파크
건축면적 : 6,200.00㎡
준공년 : 2006년

작업내용
기획·코디네이트
설계

▲스폰서 기업을 모집할 때, 출점의 목적을 광고가 아닌 기업의 사회적 책임(CSR) 효과에 소구했다. 최종적으로 50여 개 기업이 참여하고 있다. ▶관련패턴 : 〈21. 방법 검토하기〉

▲어린이가 라디오 진행자가 되어 '오늘의 날씨'나 '별자리 운세' 등 라디오방송을 실제로 체험해보는 공간

▲사실적인 공간을 구현하기 위해 실제 여객기를 전시했다.

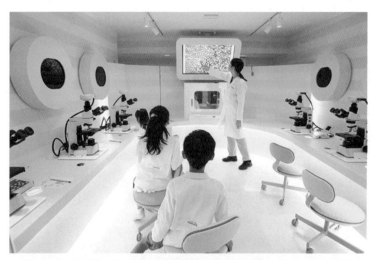

▲실감나는 공간은 물론, 어린이들이 의사가운이나 유니폼을 착용함으로써 보호자의 만족도까지 높여주는 연출을 하고 있다.

▲어린이의 시각에서 사실적인 공간으로 느낄 수 있도록 실물의 3분의 2 크기로 제작했다.
▶관련패턴 : 〈24. 타인의 관점에서 검토하기〉

감성의 색인으로 기획한다

기업의 독신자기숙사와 복리후생시설, 사무실 등을 유료양로원으로 용도변경해 수익형 부동산으로 만들었다. 노무라증권 계열의 투자회사와 손잡고 일본 최초로 유료양로원을 대상으로 투자펀드를 설립했다.

작업내용
기획 · 코디네이트
설계

▲기업 사무실이었던 건물을 용도변경한 '아리아 다카이도.' 양로원을 거주공간으로 재해석해 아늑한 공간을 창조했다.
▶**관련패턴 : 〈24. 타인의 관점에서 검토하기〉**

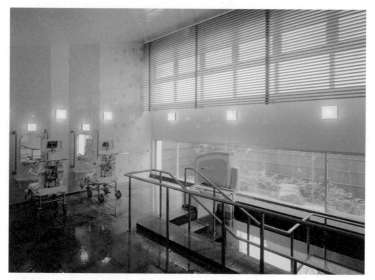

▲용도변경 이전에는 없었던 목욕탕 등의 대규모 시설을 설치했다.

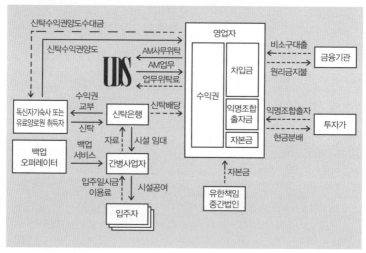

▲양로원펀드의 개략도. 간병사업자가 운영하지 못할 경우를 대비해 '백업 오퍼레이터' 체계를 만들어 투자가치를 높였다.

▲기업의 독신자기숙사를 용도변경한 '아즈하임 요코하마 히가시테라오.' 일본 거품경제시기에 난립한 독신자기숙사를 유용하게 활용한다는 점에서 사회적 의미가 있고, 수익형 부동산으로 만들어 사업성도 확보했다. 이와 함께 가구를 독창적으로 제작하는 등 디자인성도 추구했다.
▶관련패턴: 〈1. 기획 철학〉

분석된 정보는 언젠가 기획안이 된다

지어진 지 34년 된 호텔을 리노베이션한 디자인호텔. '어떻게 생활할 것인가?'
라는 질문에 대한 다양한 답을 조합하여 장기체류용 레지던스, 작업공간, 갤러
리 등으로 구성했다.

개요
소재지 : 도쿄도 메구로구
(目黒区)
용도 : 호텔 (18실)
대지면적 : 787.37㎡
건축면적 : 3,035.11㎡
규모 : 지하1층/지상8층
구조 : 철근 콘크리트 구조
준공년 : 2003년

작업내용
기획 · 코디네이트
설계
경영

▲외관 : 파사드 패널을 변경한 것만으로도 느낌이 달라진다.

◀1층 카페 및 북스토어, 호텔라운지를 겸한 공용장소로, 낮에는 지역 사람들의 공간으로, 밤은 파티 용도로 쓰인다.

▶2층 갤러리. 글로벌 브랜드의 신작 발표회 및 각종 파티가 열리는 등 사람들이 모이는 공간이 된다.

Before		After	
	8층 : 비즈니스호텔		8층 : 레지덴셜 호텔
	7층 : 비즈니스호텔		7층 : 레지덴셜 호텔
	6층 : 비즈니스호텔		6층 : 레지덴셜 호텔
	5층 : 비즈니스호텔		5층 : 디자인호텔
	4층 : 신전(神殿), 사진실, 회의실		4층 : 디자인호텔
3층 : 연회장		3층 : 작업공간	
2층 레스토랑		2층 : 갤러리	
	1층 : 로비, 카페라운지 레스토랑		1층 : 카페, 서점, 애견미용살롱

▲역에서 멀다는 불리한 입지조건 때문에 장기간 체류하는 외국인 사업가, 디자인이나 예술을 좋아하는 사람들을 대상으로 기획하고 디자인했다.　▶관련패턴 : 〈13. 아이디어 연결하기〉

▲4~5층 호텔(9실). 방마다 구조가 다르다. 120㎡ 이상의 큰 객실부터 테라스가 있는 객실, 뷰 바스(view bath)가 있는 객실 등, 일반적인 호텔에서는 체험할 수 없는 객실공간을 만들었다.

◀1층 애견미용살롱. 1층에는 의도적으로 애견미용살롱을 두어 지역주민들이 호텔을 방문할 계기를 만들었다. 미용하는 동안 카페를 이용하는 등, 지역의 새로운 생활패턴을 창조했다.
▶관련패턴 : 〈22. 일탈효과〉

▶3층 작업공간. 처음에는 공용사무공간이 많지 않았는데, 이후 감각적인 크리에이터가 좋아할 만한 사무실과 작업공간을 마련했다.
▶관련패턴 : 〈11. 숨겨져 있던 욕구〉

▲토라프 건축설계사무소가 디자인한 'Template.' 6~8층은 레지덴셜 호텔로, 장기사용자를 대상으로 하는 공간인 만큼 입주하는 디자이너와 크리에이터가 자유롭게 디자인할 수 있도록 해주었다. 퇴실 시 원상회복하지 않아도 된다.

그 지역의 감성 위에 짓는다

'요요기 거리가 바뀐다면 어떨까?'라는 생각으로 시작한 지역개발 프로젝트. 음악프로듀서인 고바야시 다케시(小林武史)의 진두지휘 하에 개성 넘치는 크리에이터들이 모였다. UDS는 토지활용부터 사업발안, 기획 및 코디네이트, 전체 설계와 일부 내장설계를 담당했다.

개요
소재지 : 토쿄도 시부야구(渋谷区)
용도 : 점포
대지면적 : 2,092.00㎡
건축면적 : 1,183.75㎡
규모 : 지상2층
구조 : 철골구조
준공년 : 2011년

작업내용
기획 · 코디네이트
설계

© Nacasa & Partners inc.

▲야외에 녹지를 많이 배치하고 감각적인 입주자를 유치했다. '학생의 거리'라는 기존의 요요기 이미지를 '녹음이 우거진 거리', '크리에이터가 모이는 거리'로 바꾸고자 노력했다.
▶관련패턴 : ⟨12. 묻혀 있던 잠재력⟩, ⟨11. 숨겨져 있던 욕구⟩

▲고바야시 다케시가 총괄한 레스토랑 '코드쿠르쿠(code kurkku)'. 사진에서 보이는 안쪽 공간에는 DJ부스가 갖춰진 뮤직바가 있다. 함께 작업한 다방면의 크리에이터들과 시간을 들여 의견을 주고받으며 함께 프로젝트를 진행했다. ▶관련패턴 : 〈30. 대등한 협업〉

▶입구 야경. 연출 효과를 극대화하 기 위해 유리벽과 대형 나무문을 사 용했다.

▲요요기 빌리지에 있는 온갖 독특한 식물들은 플랜트 헌터 니시하타 세이준(西畠淸純)이 전 세계를 다니며 채집한 진귀한 것들이다.

▲공간을 한시적으로 활용하는 기획이었던 만큼 앞으로 이 부지를 다른 용도로 사용할 것을 고려해 컨테이너 건축을 제안했다. 시대 및 환경과 함께 유연하게 변화하며 환경파괴를 줄일 수 있다는 장점이 있다. ▶관련패턴 : ⟨25. 미래 반영⟩

'나다움'이 나만의 기획을 낳는다

가마쿠라 시치리가하마 해변의 서퍼들을 대상으로 하는 레지던스 및 복합상업
시설. 서핑은 물론 레스토랑, 뷰티살롱, 쇼핑 등을 즐기며 주말을 보내는 새로
운 라이프스타일을 제안했다.

개요
소재지 : 가나가와현 가마쿠라시
(神奈川県 鎌倉市)
용도 : 점포 · 공동주택
대지면적 : 2,436.25㎡
건축면적 : 2,609.22㎡
규모 : 지하층/지상3층
구조 : 철근 콘크리트 구조
준공년 : 2008년

작업내용
기획 · 코디네이트
설계

©가마쿠라코리아(川浴市)

▲시치리가하마 해변의 바다를 배경으로 찍은 주말주택 앨리의 모습. 역 앞이라는 특성을 살
려 활기찬 분위기를 담아 기획하고 설계했다.
▶관련패턴 : 〈12. 묻혀 있던 잠재력〉

▲호주의 아침식사 문화를 바꿨다는 레스토랑 '빌스(bills)'의 첫 해외지점을 유치했다.

▲서퍼들이 자연스럽게 모여드는 주택공간.

▲상층부의 주택공간은 바다를 향해 있어서 해방감을 만끽할 수 있다.

▶기획자 본인의 취미인 서핑에서 착안해 기획을 시작했다. 상업공간에는 서핑과 관련된 입주자들만 유치했다.
▶관련패턴 : 〈26. 관심사 늘리기〉

[**프로젝트 9 · 무지호텔 베이징** MUJI HOTEL BEIJING]

공간의 모든 요소에 기획 철학을 담는다

톈안먼(天安門) 광장 앞, 역사 깊은 후퉁(胡同) 거리와 문화를 보존하기 위해 조성된 문화관광구역 일각에 자리 잡은 호텔로, 베이징의 문화를 접하고 풍요로운 라이프스타일에 대한 힌트를 얻을 수 있는 장소다. 무인양품의 모기업인 양품계획(良品計画)이 제공한 브랜드 컨셉을 바탕으로 UDS와 UDS중국법인이 기획 및 내장설계를 비롯해 운영 및 경영 전반을 담당하고 있다.

개요
소재지 : 중국 베이징시
시청구(北京市西城區)
용도 : 호텔
건축면적 : 4,083㎡
규모 : 지상 4층
구조 : 철근 콘크리트 구조
준공년 : 2018년

작업내용
기획 · 코디네이트
설계
운영

© Ryohin Keikaku Co., Ltd.

▲양품계획(良品計画) 가나이(金井) 회장과의 인연은 20여 년 전, 그가 UDS의 조합식 공동주택을 견학하러 왔을 때로 거슬러 올라간다. 상품을 만드는 감성과 관점, 주변 사람들을 끌어들이는 방법 등에 대해 언제나 자극을 받으며 많은 것들을 배우고 있다.

▶관련패턴 : 〈29. 감성 궁합〉

▲객실의 롱 카운터. 수납을 효율적으로 배치해 카운터 위에 짐을 충분히 펼쳐놓을 수 있다. 기본적인 편리함을 추구했다.

▶관련패턴 : 〈20. 기본가치〉

▲프런트. 거리의 분위기를 호텔 내부에도 표현하기 위해 직접 돌아다니며 '거리의 장점'을 찾았다. 프런트와 공용공간에는 예로부터 중국인이 친근하게 느끼는 대나무와 인근 재개발지역의 벽돌을 활용해 유서 깊은 지역 분위기(老北京)를 표현했다.

▶관련패턴 : 〈12. 묻혀 있던 잠재력〉

▲유서 깊은 후퉁 지역을 활성화하기 위해 지역에 열린 장소를 목표로 북 라운지를 배치했다. 베이징, 여행, 라이프스타일에 관한 8000여 권의 책을 판매하는 이곳은 수익성도 높아 '디자인성', '사업성', '사회성'이라는 가치를 모두 실현했다. ▶관련패턴: ⟨1. 기획 철학⟩

▲지하 1층의 무인양품 점포에서 호텔까지 이어지는 3층 높이의 트인 공간. 익숙한 동시에 비일상적인 느낌을 주는 디자인으로, 호텔의 컨셉인 '화려하지도 천박하지도 않은(Anti-Gorgeous, Anti-Cheap)' 정신을 반영했다. ▶관련패턴: ⟨23. 한마디로 표현하기⟩

[프로젝트 10 · 호텔 카푸치노 HOTEL CAPPUCCINO]

사회적 의미를 더해 차별화를 완성한다

코오롱 그룹의 새로운 브랜드로 서울시 강남구에 새로 지어진 호텔. 건물 외관
에 한국 전통가옥의 디자인을 현대적으로 차용함으로써 새로운 디자인을 창
조했다. 디자인을 중시하면서도 사업능률의 노하우를 살려서 알찬 공용공간과
콤팩트하지만 기능적이고 쾌적한 객실을 설계했다.

개요
소재지 : 서울시 강남구
용도 : 호텔
대지면적 : 605.31㎡
건축면적 : 5,871.25㎡
규모 : 지상 18층/지하 3층
구조 : 철근 콘크리트 구조
준공년 : 2015년

작업내용
기획 · 코디네이트(일부 참가)
설계

▲거리 풍경의 하나로서 건물 외관은 어떠해야 할까? 대로와 마주한 입지를 감안해 유리벽의
트인 공간으로 로비를 디자인했다.
▶관련패턴 : 〈4. 현장 체감〉

▲객실의 벽면. 여분의 수건과 칫
솔을 사용하지 않는 고객에게는
커피를 서비스하는 제도를 도입
해 환경보호라는 사회적 가치를
실천하고 있다.

◀2020년 도쿄올림픽 엠블럼을
디자인한 도코로 아사오(野老朝
雄)의 패턴을 채용한 파사드. 건
축설계와 인테리어 설계는 각
각 한국의 MNA 아키텍츠(MNA
Architects)와 키데아 파트너스
(KIDEA Partners)와 협력하여 완
성했다.
▶관련패턴 : 〈30. 대등한 협업〉

▲사람을 모으는 장치로 루프탑 바를 제안했다. 간편하게 운영할 수 있는 서비스로 사업성을 확보했다.
▶**관련패턴:〈18. 실현가능성 점검〉**

▲환경을 생각해 객실에도 오래된 자재를 적극적으로 활용했다.

부록 **저자와의 인터뷰**

이 책은 '기획의 패턴'에 대해 다루고 있지만, '공간'에 관한 이야기이기도 합니다.

언제부터인가 '핫플레이스'가 우리 일상 깊숙이 들어왔습니다.

취향에 맞게 자신의 공간을 만들어가는 시도도 많아졌죠.

고객을 만나는 매장뿐 아니라 업무공간, 개인의 주거공간 전반에

기업과 개인의 다양한 투자와 실험이 이어지고 있습니다.

공간의 매력은 어떤 기획에서 나올까요?

이 책을 한국에 소개하면서 두 저자로부터

'공간기획'에 대해 좀 더 자세히 듣고 싶어졌습니다.

저자들 또한 한국 독자들을 위해 기꺼이 인터뷰에 응해주었습니다.

[가지와라 후미오 인터뷰]

"공간이 줄 수 있는 풍요로움을 기획합니다"

이원제 UDS의 철학과 가치관을 알려주세요.

가지와라 이 책의 〈기획 철학〉에서도 이야기했듯이, UDS는 '멋지고 (디자인성)' '수익성 있고(사업성)' '의미 있다(사회성)'는 3가지 기준을 충족하도록 기획을 구축합니다. 화제가 되는 '디자인성', 사회에 공헌하는 '사회성' 그리고 이들을 성립시키기 위한 '사업성', 이 3가지 기준에 부합하려는 노력이 UDS다운 기획으로 이어진다고 생각하기에 회사 내부에서도 이런 사고방식을 공유하고 있습니다. 아울러 파트너나 고객과 함께 즐겁게 결과물을 만들어가는 부분도 중요하게 여깁니다. 혼자서는 불가능한 일을 가능하게 만드는 것, 이를 위한 팀 짜기와 일을 즐기는 자세를 중시합니다.

이원제 UDS는 기획부터 설계와 운영까지 모두 담당한다고 들었습니다. 처음 프로젝트를 시작할 때 어떻게 팀을 구성하고, 어떤 과정으로 프로젝트가 진행됩니까?

가지와라 팀을 짜는 방법에 따라 결과가 크게 달라지기 때문에 팀 구성에 상당히 신경 씁니다. 우선 프로젝트 전체를 총괄하는 능력 있는 사람의 존재가 중요합니다. 그런가 하면 디자인은 프로젝트에 따라 같은 성향을 가진 사람들로 구성할 때도 있고, 일부러 다른 지향을 가진 사람끼리 조합할 때도 있습니다. 하지만 방향성이 전혀 다른 사람들은 서로 반대만 하기 때문에 '기본 사고방식은 비슷하지만 다른 점도 있다'는 느낌으로 구성하는 경우가 많습니다. 팀에 들어가서 그 사람이 어떻게 성장할지도 염두에 두는 점입니다. 그리고 회사가 '기획-설계-운영'의 기능을 갖추고 있는 만큼, 운영 담당자도 기획 단계부터 참여해 함께 아이디어나 의견을 내놓으며 프로젝트를 진행합니다.

이원제 UDS의 기획 철학(디자인성, 사업성, 사회성)을 가장 성공적으로 달성했다고 생각하는 프로젝트는 무엇입니까?

가지와라 역시 창업의 계기가 되었던 '조합식 공동주택'이지요. 저 자신이 공동주택을 구입하면서 비싼 가격, 설계의 자유를 누리기 힘들다는 점, 이웃 간 공동체의 부재라는 문제점을 발견하고, 이를

해결할 주택을 만들겠다는 생각을 실현한 것이 조합식 공동주택입니다.

'호텔 안테룸 교토'도 기획 철학을 실현한 대표적인 예입니다. 예술을 주제로 하는 아트호텔이라는 특성을 부여해 디자인성을 추구하고, 동시에 조용했던 지역에 예술의 힘으로 활력을 불어넣어 사회성도 실현했습니다. 또한 높은 가동률을 유지해 사업성도 충족시켰죠.

이원제 무지호텔 베이징에 관한 질문입니다. 료힌케이카쿠良品計画가 호텔의 파트너로 UDS를 선택한 결정적 이유는 무엇입니까?

가지와라 20여 년 전, 당시 진행중이던 조합식 공동주택을 견학하러

오신 것이 계기가 되어, 그 뒤로 료힌케이카쿠의 가나이金井 회장님과 인연을 이어오고 있습니다. 료힌케이카쿠는 단지 MUJI의 간판을 달고 MUJI의 제품을 사용하는 호텔이 아니라, 새로운 개념의 호텔을 모색하고 있었습니다. UDS가 클라스카나 호텔 안테룸 교토 같은 새로운 개념의 호텔을 만들어온 점을 높이 샀다고 생각합니다.

실제로 호텔 칸라 교토나 호텔 안테룸 교토를 둘러보고 디자인의 친화성뿐 아니라 직원들의 서비스도 좋게 평가해주었습니다. 이른바 '과하지 않고 비굴하지도 않지만 친절한' 자세가 MUJI의 이미지와 잘 맞는다고 생각한 것 같습니다.

이원제 한국에도 UDS의 법인이 생겼죠. 한국의 공간디자인, 건축설계 시장을 어떻게 생각하시는지 궁금합니다. 일본과의 차이를 느끼십니까?

가지와라 일본과 가장 다르다고 느끼는 부분은 의사결정 하나하나가 매우 대담하달까요? 어떤 일을 결정할 때, 일본에서는 개개인의 의견이나 다양한 리스크를 지나치게 고려하는 바람에 보수적이고 무난한 결과에 머무는 경우가 적지 않습니다. 그런데 지금까지 한국에서 일했던 경험을 돌이켜보면, 모두의 의견보다도 최고책임자의 결단으로 일이 진행되는 경우가 많았습니다. 경영자라서 내릴 수 있는 대담한 결단은 흥미로운 결과를 낳을 수 있는 가능성을 넓혀

줍니다. 그런 의미에서도 앞으로 어떤 프로젝트를 진행하게 될지 상당히 기대됩니다.

이원제 UDS가 생각하는 공간기획의 미래, 앞으로 공간건축은 어떻게 변화해야 한다고 생각하십니까?

가지와라 꾸준히 생각하는 주제는 '풍요로운 공간은 대체 무엇인가?' 라는 것입니다. 물질이 풍요로운 요즘 세상에서 우리는 어떤 것에 풍요로움을 느끼고 있을까요? 기분 좋게 인사를 주고받을 수 있는 공동체의 존재도 그중 하나일지 모릅니다. 또는 환경에 대한 배려일 수도 있고요. 정이 들고 애착을 느끼는 대상에 둘러싸여 있는 것일 수도 있겠지요.

아직 정해진 답은 없지만 UDS는 다양한 측면에서 '풍요로움'을 제안해가고자 합니다. '공간'이라 했을 때, 그것은 단순한 디자인 이상을 의미합니다. 그 공간에서의 '체험' 역시 풍요로움을 느끼는 중요한 요소입니다. 공간을 만드는 요소로서 기획, 설계, 운영을 전체적으로 제안할 수 있는 존재가 되고 싶습니다.

"공간에 효율 이상의 쾌적함을 담으려는 노력이 패턴 랭귀지를 낳았죠"

<u>이원제</u> 패턴 랭귀지를 한마디로 알기 쉽게 설명해주세요.

이바 패턴 랭귀지는 창조적 활동을 지원하는 언어입니다. 이 언어를 매개로 하면 실천에 대해 사람들과 쉽게 소통할 수 있고, 자신의 활동에 관한 아이디어나 계획을 세우기도 한결 수월해집니다.

<u>이원제</u> 학교에서 학생들을 가르치며 '기획의 중요성'을 느낄 때가 있으십니까? 건축에서 기획의 중요성은 어느 정도라고 생각하시나요?

이바 앞으로는 모두가 저마다의 물건이나 방식을 만들어내는 '창조 사회creative society'의 시대가 될 겁니다. 컴퓨팅 능력을 중시하는

'정보사회information society'의 다음 단계죠. 건축은 물론이고 모든 분야에서 기획은 점점 중요해지고 있습니다. 그렇기에 교육현장에서도 개개인이 자신의 아이디어로 기획할 수 있는 능력을 키우기를 요구합니다. 그런 측면에서 이 책에서 소개한 프로젝트 디자인 패턴은 교육현장에서도 중요한 역할을 담당하고 있죠.

이원제 32개 패턴을 5가지로 분류했는데, 분류 기준과 근거를 좀 더 구체적으로 알려주세요.

이바 가지와라 씨와 인터뷰하여 얻은 정보를 저희의 독자적인 방법론으로 정리한 패턴입니다. 질적인qualitative 증거에 바탕을 둔 패턴들이죠. 반면 5가지 카테고리는 32개 패턴을 체계화하는 '구조

화structure building' 단계에서 나온 것입니다. 32개 패턴을 쉽게 설명하기 위한 편의상의 분류이므로 카테고리의 분류와 명칭은 그다지 중요하지 않습니다. 중요한 것은 어디까지나 32개 패턴입니다.

이원제 32개 패턴을 활용해 학생과 기업 임직원들을 대상으로 워크숍을 진행하신다고 들었습니다. 보통사람이 일상생활에 패턴을 적용하려고 할 때, 가장 어려운 점은 무엇입니까?

이바 패턴 랭귀지로 자신의 경험을 이야기하는 워크숍을 자주 실시하고, 참여도도 매우 높습니다. 패턴을 활용하면 놀랄 만큼 쉽게 표현할 수 있기 때문이죠. 참가자들이 서로에게 배우는 일종의 '피어 러닝peer learning'이어서 대단한 CEO나 강사 같은 존재도 굳이 필요하지 않습니다. 패턴을 중심으로 하면 자연스레 일상의 다양한 실천에 초점이 맞춰지고, 그에 대해 대화하면서 많은 것들을 배울 수 있습니다.

　패턴을 적용할 때의 어려움이라면 '뭐야, 그 정도는 이미 알고 있어' 하며 그 패턴을 사용하지 않는 사람이 있다는 점입니다. 이미 알고 실천하는 사람들에게는 각각의 패턴이 너무나 당연한 개념일 테니까요. 반면 지금까지 해당 패턴에 관한 생각을 아예 하지 못했거나, 어떻게 실천하면 좋을지 단서를 찾지 못했던 이들에게는 큰 도움이 됩니다. 그러니 이 책으로 기획의 비책祕策을 얻겠다고 기대하기보다는, 기획을 실행하면서 함께 이야기하기 위한 새로운 어휘를 얻는다고 생각해주십시오. 바로 이것이 패턴 랭귀지가 '언어'인 이유입니다.

이원제 '공간'에 대한 일본 기업의 관심과 이해는 어느 정도입니까? 온라인 중심의 시대에 오프라인 공간이 더욱 주목받는 이유는 무엇이라고 생각하십니까?

이바 말씀하신 대로 아이디어가 떠오르는 공간, 더 좋은 방식으로 일할 수 있는 공간, 마음 편히 지낼 수 있는 공간이 주목받고 있습니다. 어떤 상황에서든 자연스러운 쾌적함을 추구하는 인간의 본성 때문이라고 생각합니다. 근대화는 효율 등의 면에서 큰 혜택을 가져다주었지만, 그 결과 잃어버린 것들도 있습니다. 패턴 랭귀지를 만들어낸 크리스토퍼 알렉산더도, 이 책에서 소개하고 있는 UDS도, 우리가 공간 안에서 생활하고 있다는 당연한 사실을 다시 한 번 진지하게 고민하며 좋은 공간을 만들어내기 위해 행동했습니다. 이 책은 그러한 사실을 바탕으로 쓰여졌습니다. 부디 이 책을 계기로 보다 자연스럽고 인간적이며 풍요로운 공간이 많이 생겨났으면 좋겠습니다. 꼭 활용해주세요!

더 나은 세상을 위한 '기획의 요령'

지금까지 프로젝트 디자인에 활용할 수 있는 기획의 요령을 살펴
보았습니다. 어떠셨습니까? 본인의 경험이나 생각과 겹치는 부분
도 있을 테고, 새로운 아이디어도 있었으리라 생각합니다. 이 책에
서 다루고 있는 사례는 지금까지 UDS가 작업해온 공간디자인 결과
물들입니다. 그러나 이들 사례를 추상화해서 정리한 프로젝트 디자
인 패턴은 다른 분야의 기획에도 적용할 수 있습니다. 실제로 패턴
을 읽으면서 '우리 분야도 똑같아' 또는 '이건 우리 회사에도 적용
할 수 있겠는걸'이라고 생각한 분들도 많을 겁니다.

프로젝트 디자인 패턴에 대해 아셨으니, 이제는 실행할 차례입니
다. 저자로서 여러분께 바라는 것이 3가지 있습니다.

첫 번째는 이 책에서 얻은 힌트를 여러분의 현장에서 실천하며
기획력을 갈고닦는 것입니다. 처음부터 모든 패턴을 시도할 필요는
없습니다. '이거 해보고 싶은데' 또는 '지금 상황에는 이 패턴을 적
용할 수 있을 것 같아'라고 생각되는 것부터 하나씩 도입해서 경험
을 늘리면 됩니다. 앞에서 말했듯이 이 책에서 소개한 패턴은 설명
서와 다릅니다. 구체적으로 이렇게 해야 한다는 지침 대신 여러분

의 창조성과 개성을 반영할 수 있는 여지가 있습니다. 어떻게 구체화해서 실천할지, 각자의 상황에 맞게 궁리해서 실천해주세요.

두 번째, 이 책에서 소개한 패턴을 활용해 주위 분들과 대화를 시도해주십시오. 패턴 랭귀지는 단순히 요령을 전달하는 수단이 아닙니다. 그 요령에 대해 대화하기 쉽도록 '새로운 언어'를 만드는 것입니다. 〈정보의 균형〉, 〈철저한 리스트업〉, 〈닮고 싶은 세 사람〉처럼 요령마다 이름을 붙인 이유가 바로 이것입니다. 업무현장의 언어로 사용할 수 있도록 만들었으므로 누구나 이것들을 사용해 대화할 수 있습니다. 특히 상대방의 경험에 대해 질문할 때 강력한 힘을 발휘합니다. 예를 들어 '〈정보의 균형〉은 어떻게 맞추고 있습니까?' 또는 '아이디어를 생각할 때 〈철저한 리스트업〉 작업을 먼저 하는 사람도 있다는데, 당신도 그래?' 라고 질문하면서 지금까지 알지 못했던 다양한 경험담을 들을 수 있습니다.

세 번째는 패턴명이 '공통언어'가 될 수 있도록 일상에서 활용해주셨으면 합니다. 패턴 랭귀지는 여러분의 기획력을 향상시킬 뿐 아니라 주변 사람들과의 의사소통을 변화시키고, 협업을 촉진하고, 함께 성장할 수 있도록 만들어졌습니다.

예를 들어 '〈직접 수집하기〉가 꼭 필요해', '제대로 〈상담의 순서〉를 고려해야 해' 처럼 조언하는 상황에 패턴명을 사용해봅시다. 또는 '이 문제에 대해 〈이유 파고들기〉를 조금 더 해보자' '〈대등한 협업〉이 가능하려면 어떤 조합이 좋은지 검토해보자' 처럼, 계획과 체계를 고안할 때에도 패턴명을 적극적으로 사용해봅시다. 이렇게 하면 팀 또는 조직 차원에서 자연스럽게 기획의 요령을 익히고 실현할 수 있습니다.

이렇게 프로젝트 디자인 패턴을 주위 분들과 공유해주시면 좋겠습니다. 동료의 일과 인생을 응원하는 선물이 될 수도 있습니다. 많은 분들이 이 책에 제시된 기획요령을 토대로 더 나은 실행, 더 풍요로운 의사소통을 이뤄가기를 바랍니다.

한 사람 한 사람이 활기차게 자신의 일에 전념하고, 그렇게 만들어진 성과를 토대로 보다 나은 세상을 만들어가는 긍정적인 연쇄작용이 일어나기를 소망합니다.

이바 다카시

기획은 패턴이다

2018년 9월 8일 초판 1쇄 발행
2022년 5월 10일 초판 5쇄 발행

지은이 가지와라 후미오–이바 다카시
옮긴이 김영주–모모세 히로유키
감수 이원제–UDS KOREA

펴낸이 김은경
펴낸곳 ㈜북스톤
주소 서울특별시 성동구 연무장7길 11, 8층
대표전화 02-6463-7000
팩스 02-6499-1706
이메일 info@book-stone.co.kr
출판등록 2015년 1월 2일 제 2016-000344호
ⓒ 가지와라 후미오–이바 다카시
(저작권자와 맺은 특약에 따라 검인을 생략합니다)
ISBN 979-11-87289-43-2 (03320)

이 책의 국립중앙도서관 출판예정도서목록(CIP)은 서지정보유통지원시스템 홈페이지(http://seoji. nl.go.kr)와 국가자료공동목록시스템(http://www.nl.go.kr/kolisnet)에서 이용하실 수 있습니다.(CIP 제어번호: CIP2018025594)

책값은 뒤표지에 있습니다. 잘못된 책은 구입처에서 바꿔드립니다.

북스톤은 세상에 오래 남는 책을 만들고자 합니다. 이에 동참을 원하는 독자 여러분의 아이디어와 원고를 기다리고 있습니다. 책으로 엮기를 원하는 기획이나 원고가 있으신 분은 연락처와 함께 이메일 info@book-stone.co.kr로 보내주세요. 돌에 새기듯, 오래 남는 지혜를 전하는 데 힘쓰겠습니다.